Welcome!

The most entertaining Word Search book based on the 1950s!

Sit back with your favorite Spritz, put some coins in the Jukebox and get ready to have fun looking up words that will bring you back!

Each puzzle is themed with one piece of the 50s to keep you entertained, to learn and have fun!

You can find words in the following directions:

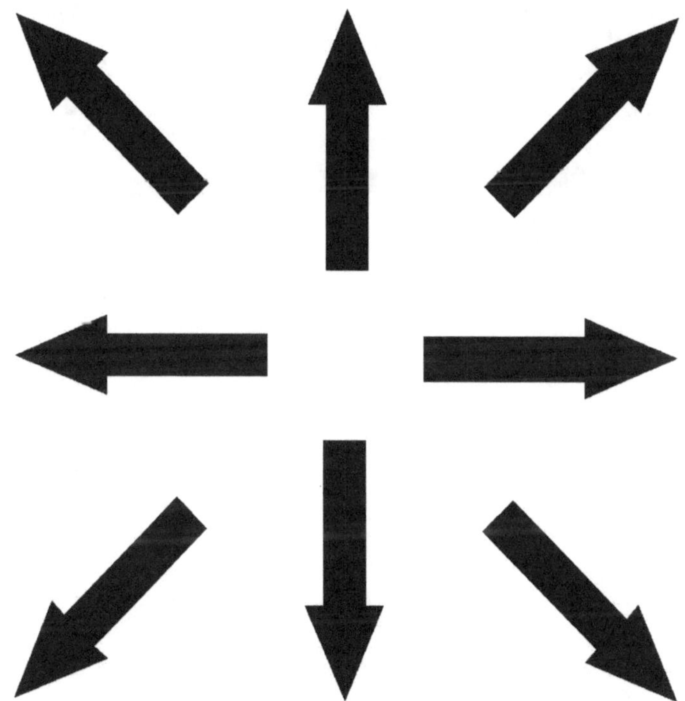

We love to hear from you!
Please leave us a review on Amazon, we read each one of your suggestions and comments.
If there is a subject you want us to make a puzzle on, let us know!

Enjoy.
Preppy Vest Team

Index

Solutions at the end of the book

N	W	K	U	M	N	A	D	A	M	B	R	O	S	I	A	G	G
D	U	M	P	L	I	N	G	F	R	Z	J	B	R	U	V	B	T
H	E	C	H	I	F	F	O	N	C	A	K	E	F	O	D	A	U
D	E	V	I	L	E	D	M	P	U	H	N	K	A	M	A	K	N
L	Q	O	C	H	E	E	Z	W	H	I	Z	F	O	U	L	E	A
S	I	D	P	P	E	T	R	B	I	H	J	T	L	U	A	D	A
U	E	Z	F	K	K	B	A	D	R	V	A	F	T	M	S	A	M
C	U	P	N	P	J	D	L	S	T	P	I	R	A	L	O	L	H
H	D	X	A	B	D	M	A	K	7	L	A	Y	E	R	L	A	C
E	N	O	O	N	N	G	K	W	E	E	A	M	M	Q	L	S	N
R	O	D	K	T	A	F	I	M	S	L	H	R	H	V	E	K	U
R	F	C	K	F	C	C	N	J	L	T	O	Q	R	W	J	A	P
Y	I	A	D	F	Q	T	G	U	F	O	J	R	G	G	I	U	T
N	N	S	P	X	B	U	K	E	I	P	O	Q	E	D	C	N	I
U	H	L	F	B	A	K	E	D	H	A	M	W	U	S	I	S	U
T	K	C	A	L	S	W	A	N	S	O	N	H	P	U	S	M	R
W	G	T	E	T	R	A	Z	Z	I	N	I	J	P	U	O	A	F
R	I	S	B	N	V	X	N	C	R	E	A	M	P	I	E	T	C

7 LAYER	CANAPES	CREAM PIE	JELLO SALAD
ALAKING	CASSEROLE	DEVILED	MEATLOAF
AMBROSIA	CHEEZ WHIZ	DUMPLING	SWANSON
BAKED ALASKA	CHERRY NUT	FONDUE	TETRAZZINI
BAKED HAM	CHIFFONCAKE	FRUIT PUNCH	TUNA

Slang

O	C	T	W	V	X	X	G	O	E	B	V	U	J	T	X	D	X
P	R	S	E	Z	Z	Q	L	B	T	P	X	L	L	K	L	F	S
A	O	E	B	D	R	E	A	M	B	O	A	T	Z	R	B	B	H
S	T	I	E	K	C	O	X	F	N	H	H	Q	U	E	E	N	I
S	H	H	A	N	S	A	P	S	C	C	Z	K	P	B	N	W	N
I	D	C	T	F	I	A	T	W	O	G	G	M	J	B	L	B	E
O	P	N	F	T	D	A	V	K	J	I	L	T	B	U	Q	W	R
N	I	I	E	R	A	S	O	C	G	W	C	E	G	R	D	R	E
P	R	G	E	A	N	K	L	E	B	I	T	E	R	N	M	E	R
I	V	R	T	E	E	S	T	W	P	C	Q	R	F	R	R	S	O
T	X	E	N	H	P	F	R	R	O	P	Z	Q	T	U	X	A	V
I	F	J	E	C	F	M	T	Y	E	D	S	A	N	B	R	E	O
C	H	A	R	I	O	T	D	E	E	E	N	R	P	K	U	R	G
J	J	F	I	D	K	D	P	L	I	K	H	H	S	P	R	G	P
U	L	U	U	O	A	E	C	Z	H	L	H	J	Q	Q	R	D	D
W	I	H	R	D	R	R	H	B	I	G	T	I	C	K	L	E	T
F	Q	C	T	S	I	T	R	W	E	T	R	A	G	H	O	N	N
W	A	C	L	C	P	C	J	C	U	T	T	H	E	G	A	S	L

ANKLE BITER	CHARIOT	GINCHIEST	QUEEN
BEAT FEET	CIRCLED	GREASER	SHINER
BIG TICKLE	CUT THE GAS	PAD	TANK
BURN RUBBER	DADDY-O	PASSION PIT	WET RAG
CAT	DREAMBOAT	PEEPERS	WIG CHOP

Fashion

T	B	Z	G	P	Q	L	E	W	C	O	Q	D	X	Q	G	S	Y
B	P	U	K	P	Z	B	E	S	P	Q	L	D	W	U	G	T	L
T	W	T	L	P	B	P	D	A	N	T	X	K	E	P	F	N	L
R	C	P	R	L	O	G	O	W	T	A	N	V	E	D	A	A	I
I	C	P	Z	I	E	T	J	A	I	H	G	Q	J	O	O	P	B
K	S	V	L	D	K	T	D	P	P	G	E	I	H	S	M	T	A
S	E	W	L	K	E	S	B	E	O	L	G	R	D	D	M	O	K
E	R	K	H	N	K	H	L	R	P	L	A	L	S	R	T	H	C
L	X	E	H	A	M	W	C	I	A	P	K	I	E	E	A	I	O
D	B	A	N	D	A	N	A	N	C	S	O	A	D	N	E	C	R
O	P	L	V	T	T	I	W	Q	I	N	D	R	D	S	S	G	T
O	U	B	N	W	R	R	X	E	E	C	E	L	C	O	A	L	S
P	Q	P	X	D	H	A	L	T	E	R	G	P	V	X	T	U	I
P	H	N	B	M	C	H	M	B	U	S	T	I	E	R	S	G	N
U	A	C	F	L	A	R	E	D	D	M	R	B	O	F	Z	L	I
N	D	W	A	V	S	L	G	I	N	G	H	A	M	W	T	L	K
I	C	F	K	G	C	M	T	L	M	G	H	C	K	K	I	L	I
P	W	Q	I	G	J	J	I	L	S	A	R	Z	W	O	P	S	B

BANDANA	CINCHED	HOT PANTS	POLKA DOT
BIKINIS	CROPPED TOP	LEATHER	POODLE SKIRT
BULLET BRA	FLARED	PENCIL SKIRT	ROCKABILLY
BUSTIER	GINGHAM	PIN UP	UPDOS
CARDIGANS	HALTER	PLAID	WIGGLE

Music Genres

C	T	M	J	P	A	F	C	G	R	G	M	X	T	F	Q	F	I
S	O	N	D	W	S	A	I	F	T	S	O	V	P	Q	C	K	S
I	L	U	U	Q	L	I	N	S	U	U	E	S	O	L	C	R	J
Q	W	V	N	Y	V	C	D	L	S	V	I	U	P	M	D	W	Z
T	P	W	P	T	T	B	L	A	J	D	D	Q	L	E	P	J	J
V	S	S	E	N	R	O	L	C	D	J	I	O	G	B	L	H	G
L	O	I	W	S	R	Y	A	I	R	D	N	O	O	K	H	O	N
V	X	G	L	N	T	Z	V	S	A	L	U	F	O	W	V	X	I
Z	S	F	K	A	D	E	D	U	M	R	W	F	O	Z	O	R	W
W	R	C	U	Z	C	Z	R	M	A	O	X	E	B	L	A	P	S
L	O	E	Z	C	H	O	O	N	H	W	A	I	I	M	K	G	Z
R	N	V	V	T	H	R	V	H	N	T	K	Q	G	R	D	M	Z
X	O	X	Z	I	I	N	L	Q	M	S	W	P	B	A	S	Y	A
W	R	N	H	R	V	P	G	T	P	R	V	X	A	L	T	H	J
O	V	M	N	H	J	A	E	C	P	I	D	W	N	U	E	T	H
J	M	V	Q	H	I	K	L	R	O	F	Q	H	D	P	Q	Y	M
M	T	B	L	R	T	S	A	Z	P	T	X	F	K	O	X	R	V
R	O	C	K	A	B	I	L	L	Y	J	G	D	G	P	G	D	E

BIG BAND	DRAMA	MUSICALS	ROCKNROLL
BLUES	FIRST WORLD	POP	RYTHYM
CALYPSO	FOLK	POPULAR	SWING
COUNTRY	GOSPEL	REVIVAL	VOCALIST
DOOWOP	JAZZ	ROCKABILLY	WESTERN

Inventions

P	M	U	M	A	Q	V	D	B	E	R	Q	R	B	T	G	G	D
K	M	D	I	E	T	D	R	I	N	K	W	T	H	X	H	C	H
O	B	O	C	P	R	G	G	E	M	O	D	E	M	R	A	P	O
I	R	Q	R	D	M	V	D	F	R	O	P	F	P	E	R	K	V
Q	A	A	O	E	K	O	P	E	S	I	F	L	V	K	D	W	E
L	D	X	C	X	O	N	S	E	L	R	N	O	S	A	D	R	R
R	I	I	H	U	G	A	I	L	O	U	H	N	U	M	I	N	C
B	A	E	I	R	L	B	W	T	D	B	I	R	J	E	S	D	R
B	L	B	P	G	R	O	S	B	S	R	F	P	D	C	K	R	A
Q	T	S	W	A	H	I	R	G	L	O	B	O	O	A	N	A	F
D	I	O	B	U	S	M	U	E	F	A	C	E	S	P	T	C	T
N	R	H	L	N	Z	X	Z	T	Z	R	C	G	O	C	D	T	G
G	E	A	A	A	R	U	U	G	A	I	I	K	C	Z	Z	I	F
P	S	R	V	A	Q	X	U	B	V	Q	T	B	B	G	C	D	K
E	T	Q	L	P	J	K	N	G	A	B	V	W	P	O	C	E	O
X	F	O	R	T	R	A	N	V	I	J	U	X	N	J	X	R	G
B	S	Y	N	T	H	E	S	I	Z	E	R	I	H	G	V	C	W
Q	S	U	P	E	R	G	L	U	E	J	E	C	A	N	E	H	U

BAR CODE	FORTRAN	MICROCHIP	SUPER GLUE
BARBIE	HARD DISK	MODEM	SYNTHESIZER
BLACK BOX	HOVERCRAFT	PACEMAKER	TEFLON
CREDIT CARD	HULA	RADIAL TIRES	THE PILL
DIET DRINK	LASER	SOLAR	TRANSISTOR

Toys

L	I	N	H	U	A	I	X	D	D	R	U	M	D	I	B	B	P
B	L	H	R	Z	V	W	N	E	I	P	U	K	X	Q	A	J	M
F	B	A	B	E	S	A	Q	A	N	I	M	A	L	S	M	P	D
S	S	C	B	Z	T	V	L	M	Q	K	X	J	J	H	L	S	F
Q	L	S	L	T	X	S	I	Z	U	K	E	W	M	A	G	P	O
C	K	L	N	O	O	E	E	H	J	I	Z	E	S	U	R	I	F
N	W	X	O	I	V	O	F	W	B	S	M	T	K	I	Q	N	A
A	O	J	B	D	A	S	F	R	L	I	I	E	H	T	H	N	M
Q	J	I	F	V	D	R	A	O	U	C	D	X	P	S	P	I	N
I	G	C	D	O	X	B	T	Z	T	O	F	O	A	R	O	N	F
L	D	P	O	R	J	N	S	U	V	J	S	T	R	A	F	G	I
L	S	W	V	N	O	B	Z	W	T	U	N	S	G	C	A	J	B
A	F	W	B	L	O	C	K	S	R	G	U	A	O	N	R	Q	F
B	E	K	I	Q	M	U	C	Z	B	P	G	C	N	J	M	Z	R
E	E	A	A	G	E	H	P	A	L	I	Y	E	O	N	G	A	J
S	O	G	V	T	R	Q	Z	T	W	E	O	I	H	W	M	T	B
A	T	V	F	I	G	U	R	E	S	C	T	D	P	U	D	C	I
B	K	H	O	R	S	E	S	W	X	Q	M	I	R	W	A	F	I

ACCORDION	CARS	FIGURES	SPINNING
ANIMALS	DIECAST	FOOTBALL	TOY GUNS
BARBIE	DOLLS	HORSES	TRAINS
BASEBALL	DRUM	PHONOGRAPH	WESTERN
BLOCKS	FARM	PLASTIC	WOOD

Fads

G	R	P	O	P	B	E	A	D	S	I	T	N	R	S	F	M	Z
N	I	I	E	B	S	E	P	G	P	U	R	T	R	M	E	A	D
I	Q	F	O	I	L	J	N	C	C	L	D	G	S	R	L	A	D
H	H	W	M	N	R	O	R	L	H	W	R	C	V	Z	N	V	V
S	U	M	D	G	Z	E	I	C	M	R	I	M	J	C	C	B	X
I	Z	C	S	O	W	A	F	R	D	M	V	W	E	F	J	X	E
F	F	P	G	C	T	M	Q	U	U	P	E	O	G	A	Z	Z	I
R	H	F	U	K	U	G	V	I	N	G	I	B	O	O	T	H	E
I	G	T	C	B	W	N	S	S	E	B	N	O	R	G	E	O	N
S	S	U	K	C	S	I	E	I	O	R	I	I	S	U	G	J	R
B	D	B	N	U	P	T	I	N	A	W	A	D	T	N	U	E	C
E	N	F	E	N	O	A	V	G	T	H	R	F	I	A	C	C	D
E	D	K	S	D	T	O	O	V	O	A	G	L	F	O	K	N	Q
S	V	C	M	Q	T	B	M	S	C	Z	W	C	R	L	C	S	X
E	L	A	J	J	A	G	E	F	E	O	J	D	C	J	E	C	K
R	O	K	T	C	L	O	A	B	B	M	S	E	J	U	Q	S	Q
V	F	Z	W	L	F	M	F	U	C	G	A	J	R	E	Z	J	W
Q	O	K	V	A	R	S	I	T	Y	I	O	G	I	T	N	O	X

BINGO	CREW CUTS	FISHING	POP BEADS
BOATING	CRUISING	FLATTOPS	RAFFLES
BOOTH	DANCE	FRISBEES	RECORDS
BOWLING	DRIVEIN	GAMES	SKATING
CARDS	DUCKTAIL CUT	MOVIES	VARSITY

Sports

B	A	S	K	E	T	B	A	L	L	G	U	O	T	U	C	W	D
T	Q	P	B	G	N	M	I	B	I	Z	N	J	O	D	P	I	Q
B	R	M	P	O	C	V	O	J	O	I	M	I	A	T	V	R	F
B	O	L	C	L	Q	J	C	S	G	W	E	E	T	I	G	L	X
J	U	M	M	F	O	V	L	C	X	G	L	N	S	A	F	F	Q
H	N	L	P	S	V	S	O	V	T	S	J	I	E	W	K	A	L
X	D	F	L	A	G	L	N	A	X	E	O	N	N	R	K	S	L
I	S	V	L	A	L	N	J	T	U	N	O	I	V	G	Z	L	A
G	A	C	F	E	B	B	I	G	Q	I	U	N	U	F	X	M	B
M	M	S	G	L	O	E	A	M	P	T	E	N	N	I	S	E	T
M	W	E	V	X	O	E	S	M	M	M	A	J	O	R	U	N	O
R	B	I	I	G	L	P	A	A	P	I	F	T	B	X	H	V	O
V	K	N	U	B	E	H	G	D	B	I	W	T	A	D	Z	E	F
W	G	M	R	W	C	M	O	S	K	A	R	S	N	B	I	S	X
D	E	R	O	S	E	B	O	W	L	V	U	K	F	Z	T	K	M
Q	H	V	B	R	I	T	I	S	H	O	F	W	L	M	M	A	R
K	E	T	O	H	E	A	V	Y	W	E	I	G	H	T	T	V	O
D	Q	X	E	I	P	R	O	F	E	S	S	I	O	N	A	L	I

AT BAT	BRITISH	GOLF	ROSE BOWL
BASEBALL	CHAMPION	HEAVYWEIGHT	ROUNDS
BASKETBALL	COLLEGE	LEAGUE	SKATING
BOWLING	DIVISION	MAJOR	SWIMMING
BOXING	FOOTBALL	PROFESSIONAL	TENNIS

Rockabilly Quotes 1

T	G	R	A	E	R	M	A	K	E	O	U	T	X	N	U	G	G
P	D	E	S	K	C	G	R	L	T	D	N	M	B	E	O	P	T
X	J	L	M	O	V	I	O	H	L	G	O	U	M	O	S	S	Q
I	E	O	C	E	G	K	R	A	S	R	R	Q	S	V	G	X	N
C	R	O	C	H	M	E	G	Z	P	N	P	E	J	B	W	E	M
X	A	V	T	K	A	G	L	E	R	E	I	G	A	O	H	Z	M
U	U	O	Q	D	O	K	O	U	T	T	N	U	E	N	E	C	I
J	Q	K	S	O	K	X	B	J	Z	W	S	B	T	R	E	S	R
T	S	Z	F	I	N	B	J	K	D	A	I	U	D	D	L	N	E
N	C	Q	Q	F	E	B	A	S	H	A	E	T	O	B	I	W	M
V	R	Q	W	R	W	M	W	R	V	S	U	V	H	H	E	O	A
M	Y	O	R	E	A	L	G	O	N	E	C	A	S	I	P	D	E
V	L	T	H	J	T	P	V	F	Q	D	I	J	Z	E	T	T	R
J	W	F	T	W	I	O	X	D	E	E	S	L	L	F	N	O	C
M	N	W	F	E	J	T	Q	G	E	T	B	E	N	T	A	H	S
S	L	C	U	D	B	G	K	R	H	G	A	Q	R	L	N	S	D
F	S	A	J	L	F	A	R	P	R	O	W	E	R	S	A	W	N
D	X	E	F	I	X	R	S	N	K	O	O	K	I	E	Z	B	M

BASH	GET WITH IT	KOOKIE	SCREAMER
BETTY	GO APE	MAKE OUT	SHOT DOWN
BUG	GOOF	RAG TOP	SQUARE
BURN RUBBER	GOOSE IT	REAL GONE	THREADS
GET BENT	HORN	RIGHTO	WHEELIE

Rockabilly Quotes 2

E	Z	A	J	Q	G	R	S	D	Q	M	R	K	I	C	K	H	Z
G	E	V	F	Z	P	J	I	S	A	O	H	W	A	M	H	E	D
H	G	P	K	L	U	Z	P	B	A	O	J	C	F	G	I	L	D
A	V	E	I	A	D	P	T	N	P	L	L	Q	V	Z	B	F	N
N	N	E	N	Y	E	D	S	U	N	O	U	P	V	V	A	J	U
G	D	P	G	A	P	D	A	V	U	E	D	A	J	T	V	D	X
E	A	E	M	P	U	Q	F	D	P	U	C	Q	H	O	T	M	D
Q	F	R	Z	A	O	R	9	K	M	J	A	O	D	G	W	A	Q
F	E	S	C	T	S	T	E	Z	D	X	Z	D	O	N	X	E	O
W	J	B	C	C	B	Y	G	Y	B	D	B	J	I	L	M	R	E
X	X	R	K	H	W	R	R	R	E	A	Q	Z	W	V	G	C	S
B	B	F	O	F	E	R	V	T	L	B	Z	S	J	P	I	T	N
N	S	X	T	A	S	E	E	L	J	U	A	U	Q	O	G	Q	I
M	L	J	S	I	J	H	K	Z	B	I	X	L	K	U	O	G	K
J	I	E	M	R	M	C	J	T	P	R	J	N	L	N	P	B	O
J	R	A	Z	G	R	O	D	Y	J	S	B	E	M	D	Q	J	O
Z	R	O	C	Z	U	S	T	A	C	K	E	D	H	G	A	R	C
R	D	N	M	G	F	D	Z	E	O	D	X	F	R	F	R	H	U

BUZZIN	CREAM	GRODY	ODD BALL
CHERRY	EYEBALL	HANG	PEEPERS
CLOUD 9	FAST	HAUL ASS	POUND
COOKIN	GIG	KICK	SOUPED UP
COOL	GREASER	LAY A PATCH	STACKED

1957 Events

G	G	X	Q	X	J	M	U	G	F	R	E	Z	J	Q	H	E	A
S	U	N	D	C	G	D	C	M	V	R	N	L	N	P	C	M	K
T	A	X	T	H	E	F	L	Y	B	C	I	A	I	I	N	R	I
I	H	O	X	C	U	U	W	Z	Q	L	R	S	R	T	Q	A	A
O	E	G	O	U	Z	A	S	N	E	T	I	P	B	P	X	Z	L
X	H	N	I	B	F	U	Z	T	R	G	Z	U	V	E	M	E	F
X	J	N	I	N	F	N	O	O	U	C	A	V	F	H	E	N	T
C	B	I	U	A	K	L	F	V	D	N	Z	G	X	E	Z	T	O
W	D	F	C	M	L	C	I	S	Q	E	A	R	N	X	H	L	P
T	E	T	M	M	I	P	M	G	C	X	V	E	E	M	D	M	C
Z	M	L	R	O	Q	L	R	A	H	I	L	C	P	Y	N	D	G
A	D	O	D	U	N	F	W	I	W	T	T	B	X	T	A	F	R
U	T	Z	C	O	M	T	S	A	A	U	8	L	V	M	T	M	F
T	F	S	N	V	R	A	R	N	U	W	L	2	E	M	S	F	O
N	H	Z	A	V	X	A	N	E	O	K	V	E	3	C	D	J	P
S	Q	T	V	N	W	D	D	E	A	I	E	B	U	E	N	B	L
W	A	G	A	T	A	O	F	O	B	L	L	E	U	Z	A	Q	M
J	A	A	A	D	Z	C	S	N	I	O	Z	H	E	Z	B	G	W

AIRPLAINE	FLIGHT 823	LIONS	PEANUTS
BANDSTAND	FORTRAN	MAYER	PRICE
CANASTA	FRISBEE	MCKNIGHT	TEXTILE
CELTICS	GAGE	MILWAUKEE	THE FLY
ELDORADO	LAIKA	MONTREAL	TRUMAN

Dating Slang

D	D	E	A	R	J	O	H	N	F	H	B	A	C	U	I	U	O
P	N	F	Q	G	T	C	D	U	W	I	D	T	R	S	A	I	V
A	D	E	I	L	W	B	K	R	N	O	V	Z	U	Z	V	E	P
A	P	E	K	B	D	R	N	G	E	K	O	Q	S	B	P	Q	B
K	L	M	N	C	J	Y	O	S	G	A	S	I	H	D	I	B	A
M	M	I	S	N	D	F	E	L	A	O	M	M	N	L	M	X	C
V	P	U	N	A	I	Q	G	C	B	W	G	B	F	G	K	Q	P
M	L	F	E	E	E	P	G	S	H	N	F	C	O	W	J	N	Q
P	R	T	K	B	A	V	G	C	I	D	M	D	T	A	Q	O	R
R	S	E	C	B	L	E	I	G	R	N	P	N	R	K	T	L	I
F	J	E	O	K	O	A	G	S	W	X	E	X	B	I	E	E	K
T	Z	B	U	F	T	O	C	E	U	M	B	C	E	M	B	Z	E
E	K	H	R	X	D	U	K	K	I	L	C	B	K	V	U	V	E
X	E	C	T	D	V	P	N	L	P	Q	C	Q	B	I	O	M	N
B	P	R	I	H	S	O	P	Z	S	M	W	X	T	L	N	G	B
G	C	O	N	A	F	M	D	A	U	A	E	N	E	V	R	G	F
A	H	T	G	U	O	J	A	P	A	R	K	T	T	R	U	H	K
L	S	P	X	C	U	M	A	B	M	T	E	C	R	I	L	Q	G

BEAU	COMPLIMENT	DREAMBOAT	PARK
BINGO	COURTING	EXCLUSIVE	PINNED
BIRD	CRUSH	KEEN	STEADY
BLACK	DEAR JOHN	LINE	TORCH
BOOK	DOGGING	NECKING	WOOING

C	M	O	J	U	L	X	E	W	J	J	F	K	W	N	G	O	C
O	O	H	S	C	J	L	S	K	V	L	L	H	L	B	K	W	V
Z	N	J	L	D	H	D	B	K	Q	E	I	F	C	N	R	V	N
H	B	R	G	O	Q	L	I	R	D	J	P	F	N	W	B	C	E
C	F	A	V	L	A	F	D	P	F	O	Z	G	K	E	W	W	X
H	F	R	D	E	T	D	H	M	E	B	U	V	V	B	H	O	Z
E	U	Q	E	P	O	B	W	P	O	F	K	G	T	Q	G	S	F
R	M	G	C	A	C	H	A	S	U	F	C	9	H	A	E	U	F
R	G	A	R	V	M	T	S	J	C	M	D	K	G	F	R	G	U
Y	T	N	P	B	X	L	K	L	C	U	L	F	C	V	M	O	E
F	G	O	O	F	X	C	N	C	O	H	L	I	A	E	Z	B	I
D	H	Z	R	B	B	J	N	L	I	J	A	G	J	W	N	T	F
C	O	D	W	I	S	A	C	Z	G	L	B	A	L	L	A	D	B
E	Q	L	P	R	V	A	S	S	Q	W	F	H	Z	R	I	K	B
U	F	V	L	B	O	R	Q	H	L	R	M	M	U	O	N	V	W
Z	G	B	J	Y	J	U	N	Z	S	S	F	O	O	I	T	F	F
T	M	T	N	M	I	B	M	W	Z	B	J	P	F	W	Z	G	P
G	D	R	A	G	D	O	T	P	Q	R	N	K	P	V	K	T	J

APE	BOSS	DIBS	FLICK
BAD	CAT	DOLLY	FLIP
BALLAD	CHERRY	DOUGH	FREAM
BASH	CHOP	DRAG	GERM
BOGUS	CLOUD 9	FINK	GOOF

Fun Slang

G	T	D	U	J	J	E	I	W	Q	G	N	N	B	L	P	W	Q
T	B	H	E	E	Z	A	A	K	Z	F	K	B	K	I	R	M	T
D	I	J	E	Q	P	P	C	B	W	I	B	M	H	W	L	A	G
H	Y	J	N	A	B	O	U	F	Z	O	L	W	C	G	F	C	C
S	T	O	S	W	T	P	R	D	F	E	I	B	I	Z	L	H	H
O	F	U	T	T	W	U	H	E	E	D	D	W	F	Y	Q	I	N
R	I	A	E	V	R	G	H	K	T	K	T	T	O	P	W	N	O
G	N	L	J	P	M	N	R	W	I	H	C	A	J	M	P	E	R
R	N	Z	O	I	E	O	P	I	R	C	G	A	D	U	U	N	H
E	O	D	X	A	W	I	L	I	N	Z	K	I	J	L	R	L	D
A	D	J	K	I	D	L	D	D	P	G	K	K	L	G	W	C	R
S	A	S	B	I	W	E	F	B	Y	I	L	C	C	Z	W	H	E
E	B	S	O	H	T	R	D	J	Q	B	F	E	R	D	D	C	N
R	L	C	R	J	V	T	R	R	A	Z	F	L	S	N	H	X	N
K	O	O	K	I	E	I	E	B	V	E	F	D	C	O	P	N	P
H	Q	J	G	M	P	L	V	N	W	G	B	O	F	B	N	Z	N
F	W	R	U	E	P	L	V	Z	H	J	W	O	P	C	F	N	X
G	W	H	H	L	I	S	S	Q	Q	J	X	H	H	S	X	X	X

GREASER	HOOD	KOOKIE	MACHINE
GRINGLES	JACKED UP	LID	MOLDY
HEAT	JETS	LIGHTER	NERD
HEP	KICK	LOADED	NIFTY
HIP	KITTEN	LUMPY	NOD

More 1950s Slang

V	O	C	C	V	P	D	L	D	E	F	O	U	X	I	I	U	P
W	U	W	W	U	O	C	H	G	N	V	H	A	I	P	T	Z	S
G	A	V	W	P	O	J	X	Q	W	L	T	B	M	Q	G	D	H
S	R	A	P	P	P	S	C	R	E	A	M	E	R	D	Z	T	N
T	T	J	P	E	E	P	E	R	S	F	P	K	B	C	Q	J	E
A	G	I	O	R	R	R	A	D	I	O	A	C	T	I	V	E	S
N	U	X	G	S	X	B	A	W	D	Q	Q	T	S	L	P	M	R
K	C	P	T	H	T	S	I	X	R	Z	U	E	A	P	N	R	E
X	O	J	O	H	T	E	Z	L	B	D	H	E	E	T	M	S	N
H	M	D	P	F	R	Q	G	U	C	U	L	S	E	R	W	L	I
D	N	H	D	E	R	E	N	G	J	O	P	G	A	N	V	A	H
S	D	E	L	B	A	R	A	S	U	A	B	U	W	D	H	S	S
L	H	T	K	R	A	C	K	D	Z	N	N	U	J	U	H	L	C
L	O	A	A	D	O	L	H	O	S	C	F	K	B	U	Q	O	G
V	X	N	D	G	T	D	L	Y	H	N	J	I	Q	R	K	D	K
N	O	S	W	E	A	T	C	Y	W	Z	D	F	G	L	W	G	K
J	G	W	I	R	S	K	T	G	T	L	A	O	J	M	S	E	T
R	C	V	X	Z	D	V	B	R	R	A	P	M	J	G	G	O	N

NO SWEAT	PEEPERS	RAUNCHY	SLODGE
NUGGETS	POOPER	ROD	SPAZ
ODD BALL	QUEEN	SCREAMER	TANK
PAD	RADIOACTIVE	SHADES	THREADS
PEACHY	RAP	SHINER	TIGHT

1950s Ice Cream Flavors

Z	T	W	X	F	N	C	N	T	O	R	T	O	N	I	F	J	E
A	R	K	M	B	E	T	K	X	G	R	R	R	S	A	I	O	T
L	I	N	W	A	L	A	F	P	D	H	A	L	I	K	C	S	U
L	P	P	C	R	P	R	K	K	F	J	S	L	Y	T	N	H	K
I	P	A	W	J	P	Y	X	R	H	R	P	N	D	E	H	D	X
N	L	Y	O	C	A	R	R	D	D	E	B	M	N	B	T	N	L
A	E	R	L	O	W	R	E	V	S	X	E	I	U	R	R	C	L
V	V	R	L	R	N	E	I	H	C	M	R	N	G	E	U	S	Z
T	N	E	A	O	P	H	G	D	I	K	R	T	R	H	E	A	W
U	U	B	M	N	K	C	B	L	X	J	Y	Q	U	S	Q	O	E
N	G	W	H	A	O	T	I	I	T	D	G	N	B	L	P	P	L
O	G	A	S	T	I	G	F	H	S	R	M	L	G	E	F	T	P
C	E	R	R	I	N	D	I	C	D	Q	W	D	C	M	V	P	P
O	T	T	A	O	L	P	S	Q	N	G	U	A	H	O	S	O	A
C	A	S	M	N	Z	M	R	I	R	M	N	E	A	N	J	P	E
H	A	W	A	I	I	A	N	C	Z	D	W	F	C	E	M	A	N
Z	A	J	N	W	G	L	P	K	I	K	W	R	Z	F	F	E	I
E	E	E	O	D	C	B	F	A	P	B	A	N	A	N	A	M	P

APPLE	COCONUT	MINT	SHERBET
BANANA	CORONATION	NUGGET	STRAWBERRY
BISQUE	HAWAIIAN	PECAN	TORTONI
BURGUNDY	LEMON	PINEAPPLE	TRIPPLE
CHERRY	MARSHMALLOW	RASPBERRY	VANILLA

1950s Foods

C	N	V	W	W	N	X	H	S	L	T	K	N	J	W	I	C	R
O	I	D	I	J	P	E	C	D	E	E	F	C	Z	N	H	A	F
C	E	F	T	V	R	O	B	I	O	L	H	S	R	L	M	K	X
A	C	A	K	D	F	O	D	Q	C	O	Z	D	O	T	A	E	N
C	R	L	H	F	Q	E	T	E	S	U	F	Q	U	H	Z	M	E
O	Q	I	E	B	V	S	G	I	Q	U	L	H	C	E	Z	I	Z
L	C	E	J	L	A	H	V	S	E	R	F	R	K	C	I	X	O
A	D	I	I	F	G	C	D	O	N	H	N	G	L	I	P	F	R
K	C	B	V	U	R	L	O	L	I	S	O	D	A	U	L	K	F
F	E	D	O	S	H	C	X	N	R	I	O	S	E	J	X	K	K
L	N	D	R	A	N	C	H	F	A	R	D	L	R	K	D	P	C
M	M	D	Q	X	M	B	H	I	G	I	L	I	E	N	R	G	P
G	Z	C	H	L	L	B	B	N	R	R	E	C	C	P	I	A	T
F	O	J	H	P	F	Q	S	F	A	S	S	E	T	G	W	V	R
S	R	K	L	I	J	U	O	K	M	G	J	S	H	K	C	S	B
V	J	C	T	G	P	Z	D	X	C	F	T	X	K	O	X	C	A
J	V	I	R	V	K	S	A	I	N	S	T	A	N	T	E	W	M
I	S	O	J	Q	Q	P	S	W	I	C	U	C	K	D	W	I	K

BBQ	COFFEE	FROZEN	NOODLES
CAKE MIX	DIET	INSTANT	PIZZA
CEREAL	DOUGH	IRISH	RANCH
CHIPS	FAST	JUICE	SLICES
COCA COLA	FOOD	MARGARINE	SODA

Frozen Foods

J	E	S	X	D	X	W	N	F	K	Q	B	Y	D	K	N	K	J
X	C	P	E	L	N	E	N	R	A	V	W	E	B	A	F	C	M
G	Z	U	M	A	K	V	A	I	E	E	W	K	G	R	C	I	P
N	L	C	T	C	F	A	E	E	T	B	Q	R	N	E	O	T	D
W	K	B	I	E	E	O	M	S	S	D	X	U	I	N	R	S	K
B	O	H	M	D	N	E	O	A	D	O	W	T	F	N	N	M	D
T	C	M	R	X	I	P	B	D	H	M	B	F	F	I	B	U	E
R	C	G	E	L	C	V	U	J	J	A	O	L	U	D	R	R	I
P	T	L	G	R	A	V	Y	F	H	W	M	Q	T	V	E	D	R
F	C	X	C	A	R	R	O	T	S	P	B	O	S	T	A	F	F
P	E	A	C	H	E	S	H	C	E	R	Q	V	J	V	D	B	I
O	S	U	X	H	C	B	T	A	I	J	T	L	D	I	X	B	T
P	O	T	A	T	O	E	S	S	I	U	N	S	M	X	L	V	V
M	Z	R	C	B	E	S	B	H	H	B	U	T	T	E	R	B	N
J	X	K	R	W	S	J	E	V	X	O	O	R	A	N	G	E	V
P	R	B	S	A	B	M	E	B	Z	K	J	O	S	V	P	S	W
L	H	J	I	K	C	K	F	F	L	U	T	O	W	N	J	Z	L
O	O	H	L	Z	O	P	L	O	J	J	W	E	L	E	D	T	K

BEEF	DRUMSTICK	ORANGE	STEAK
BUTTER	FRIED	PEACHES	STUFFING
CARROTS	FRIES	PEAS	SWEET
CHICKEN	GRAVY	POTATOES	TURKEY
CORNBREAD	OMAHA	SEAFOOD	TV DINNER

1950s Appetizers

H	N	D	M	E	A	T	B	A	L	L	S	X	A	T	X	T	Q
M	N	C	P	H	N	J	Q	D	X	S	L	U	S	R	O	Q	M
H	V	T	H	H	F	D	E	V	I	L	E	D	O	S	T	A	U
J	A	T	O	R	T	I	L	L	A	P	O	P	L	H	S	X	N
F	C	R	O	S	T	I	N	I	N	P	A	E	A	E	V	I	P
X	X	W	A	G	Q	B	A	T	U	O	E	G	A	N	J	E	C
P	X	G	H	Z	S	Q	A	N	W	H	M	F	R	N	A	C	M
X	F	I	M	H	N	K	U	C	W	K	O	L	C	Z	L	C	F
B	I	S	C	U	I	T	S	N	O	O	E	M	A	R	S	N	F
S	R	M	W	L	D	A	I	L	D	N	A	B	F	S	A	X	O
F	V	F	M	V	L	P	K	T	I	H	X	S	C	V	U	I	N
I	F	F	M	W	B	E	E	C	N	A	V	P	C	J	S	E	D
V	O	D	F	H	S	I	G	P	W	X	T	E	B	T	A	S	U
R	A	P	X	E	T	U	G	O	I	C	C	K	S	B	G	S	E
O	S	T	E	A	K	M	S	H	B	D	S	N	C	F	E	U	P
W	R	H	K	H	U	N	T	Z	T	F	R	F	J	O	V	O	H
L	C	J	V	X	H	A	C	C	Z	F	J	S	F	O	C	M	B
R	S	P	J	M	U	S	H	R	O	O	M	S	C	H	Q	W	V

BACON	CROSTINI	HAM	SALMON
BISCUITS	DEVILED	MEATBALLS	SAUSAGE
CANAPES	DIP	MOUSSE	SEAFOOD
CHEESE	EGGS	MUSHROOMS	STEAK
COCKTAILS	FONDUE	PINWHEELS	TORTILLA

1950s Candy

W	X	A	L	K	T	P	P	T	H	F	P	C	T	B	Q	E	A
I	I	G	T	R	J	U	C	I	P	K	G	S	A	S	N	N	Q
C	F	W	B	K	B	N	R	O	W	R	H	N	X	F	Z	K	E
H	K	Z	L	S	T	S	O	K	C	J	A	B	W	Z	E	L	T
E	F	L	X	O	S	T	A	T	I	N	K	H	L	I	A	I	A
W	W	A	E	O	L	W	A	T	A	S	X	V	V	A	S	O	L
S	Y	A	G	M	L	B	H	L	O	D	H	Z	L	O	C	U	O
E	F	A	Q	I	A	Z	X	C	L	M	G	E	U	E	B	K	C
R	F	Y	S	K	B	R	Q	C	T	I	I	R	H	C	X	F	O
I	A	R	F	V	E	C	A	T	H	L	N	C	Q	A	B	X	H
L	T	R	C	A	R	O	L	C	L	A	K	A	W	L	C	J	C
N	Q	E	O	E	I	I	D	E	F	X	R	O	V	K	T	Z	K
Q	H	H	C	D	F	N	C	S	U	J	H	M	U	C	I	G	A
H	U	C	O	P	S	S	V	I	N	G	V	N	S	E	R	R	D
I	T	L	N	G	L	S	N	N	P	J	F	W	O	N	K	L	Z
G	A	P	U	A	H	B	B	A	C	P	K	Z	Q	M	E	X	E
D	L	V	T	C	H	A	R	L	E	S	T	O	N	D	E	K	R
E	A	N	I	S	T	R	A	W	B	E	R	R	Y	R	W	L	U

ANISE	CHARLESTON	COCONUT	SOUR
ATOMIC	CHARMS	COINS	STRAWBERRY
BANANA	CHERRY	FIREBALLS	TAFFY
BLACK	CHEWS	LEMON	TURKISH
CARAMEL	CHOCOLATE	NECKLACE	VANILLA

Olympics

M	N	L	U	A	U	K	U	N	H	E	C	I	A	Z	D	N	R
K	A	Q	V	W	T	N	S	I	I	E	R	V	Z	O	P	C	T
U	P	E	U	E	W	Z	I	H	S	D	L	H	A	A	Z	D	S
N	A	P	I	Y	B	Q	A	O	M	K	D	S	P	Q	I	G	E
K	J	V	K	H	U	T	I	M	N	D	I	T	I	Z	Z	K	T
N	O	B	H	S	N	G	C	K	R	F	F	R	Q	N	G	L	O
S	B	U	D	O	D	N	O	B	N	U	L	K	T	A	K	O	R
W	I	L	R	G	U	I	O	S	R	E	A	K	O	I	A	I	P
G	L	E	A	E	N	P	V	L	L	D	M	D	A	I	N	T	Q
T	P	W	H	I	G	I	H	I	H	A	E	O	Z	A	M	G	E
N	Z	X	D	I	S	B	X	A	N	T	V	I	W	F	L	X	X
H	J	Q	V	I	G	E	R	O	I	G	A	I	I	L	N	S	V
C	A	U	L	D	R	O	N	S	B	G	E	C	A	X	D	U	Z
H	T	A	W	T	A	I	R	O	I	C	D	B	E	P	A	M	D
M	W	R	W	Z	O	A	P	D	D	X	X	W	R	D	N	M	J
E	U	K	A	J	E	S	M	N	J	N	Q	C	M	C	I	E	X
Q	T	P	B	L	J	H	E	E	L	D	I	E	J	J	H	R	R
I	J	U	Z	K	Z	R	U	N	N	E	R	S	X	L	C	P	M

BOXING EVA JAPAN SOVIET

CAULDRON FLAME PERON SUMMER

CHINA HELSINKI PROTEST UNION

DECATHLON INDONESIA RUNNERS WOMEN

DIVING ISRAEL SKIRTING YUGOSLAVIA

Baby Names

B	W	M	I	C	H	A	E	L	S	A	N	D	R	A	S	N	N
N	W	E	D	A	M	P	C	J	T	S	L	C	O	B	A	O	F
S	A	X	E	O	R	X	A	S	U	X	O	D	X	C	M	L	H
L	U	N	S	F	N	M	X	M	D	D	I	S	M	H	O	D	W
O	D	S	V	W	Z	A	A	R	M	T	G	E	Q	O	H	E	L
X	K	E	A	F	T	N	L	I	R	H	A	M	O	W	T	G	Y
G	N	E	B	N	E	D	A	D	L	Q	I	A	S	K	A	D	R
T	D	Z	V	R	Z	W	I	N	B	L	C	J	E	R	Q	L	A
B	R	J	R	A	A	U	U	I	C	D	I	X	Y	N	B	L	M
N	O	R	O	R	L	W	E	T	P	Y	R	W	K	N	A	E	W
S	B	G	F	E	G	U	K	A	C	F	T	L	T	H	V	I	K
D	E	P	X	E	E	A	M	Z	G	G	A	O	N	S	V	D	D
A	R	C	X	M	R	E	Z	Q	L	S	P	C	T	Q	N	Q	G
T	T	X	A	E	L	L	I	N	D	A	U	E	R	H	N	Q	Z
O	W	R	N	A	T	Z	N	U	Z	M	V	Q	L	Q	B	V	C
A	K	Z	T	Z	I	Z	M	L	L	E	M	G	J	A	B	L	I
T	U	S	H	A	R	O	N	Z	N	I	G	J	J	H	D	D	S
L	E	X	U	J	M	W	G	J	X	U	O	A	I	S	Z	G	M

DEBRA	KAREN	NANCY	SHARON
DIANE	LINDA	PAMELA	STEVEN
DONALD	MARK	PATRICIA	SUSAN
GARY	MARY	ROBERT	THOMAS
JAMES	MICHAEL	SANDRA	WILLIAM

Automobiles Innovation

F	L	E	Y	B	C	O	M	F	O	R	T	A	B	L	E	S	X
B	V	X	R	G	U	Q	X	W	K	V	S	B	G	M	O	B	T
A	I	I	U	L	A	X	S	O	L	S	F	I	J	M	Q	R	M
N	X	O	X	V	M	P	V	W	Q	I	M	W	O	V	S	U	W
R	S	F	U	M	M	U	W	C	O	L	O	P	Z	T	E	B	E
H	Q	O	L	I	N	F	M	K	R	D	A	C	L	O	J	U	P
Y	P	O	W	E	R	G	L	I	D	E	N	E	R	Z	T	S	F
D	S	Q	P	L	N	E	B	N	C	R	B	I	D	M	O	I	H
R	U	I	D	G	G	C	D	H	E	T	B	R	W	H	R	A	F
A	S	G	B	I	U	I	E	W	A	N	A	Z	N	E	S	C	E
M	P	S	F	E	W	A	O	E	F	K	U	E	P	I	I	U	N
A	E	G	G	I	P	P	S	S	C	N	H	O	B	T	O	N	I
T	N	N	S	E	A	D	N	A	F	Q	W	K	A	N	N	I	G
I	S	I	R	U	R	R	P	F	P	E	E	M	E	S	L	B	N
C	I	R	L	S	Q	X	B	E	R	D	O	P	V	E	X	O	E
W	O	P	H	F	Z	E	R	R	W	T	F	C	N	R	C	D	8
Z	N	S	A	K	P	H	F	L	U	W	U	B	M	I	Q	Y	V
E	X	B	L	U	X	P	J	A	X	C	O	J	Q	T	O	Q	K

AUTOMATIC	HYDRAMATIC	SAFER	TIRES
CHEAPER	LUXURY	SEATBELTS	TORSION
COIL	PACKARD	SPRINGS	UNIBODY
COMFORTABLE	POWER	SUBURBS	V8 ENGINE
FIREPOWER	POWERGLIDE	SUSPENSION	WINDOWS

Car Models

R	U	L	U	J	O	X	E	G	D	W	L	B	R	B	G	O	E
Z	F	P	P	E	S	G	N	Z	E	M	C	X	D	M	S	L	N
M	B	P	S	L	J	E	A	Q	R	A	Z	H	I	B	A	S	E
O	E	I	R	E	L	V	L	E	P	M	X	I	P	R	R	U	W
N	N	C	C	C	G	C	R	R	P	X	X	N	L	C	A	B	Y
T	I	K	Z	T	B	O	I	Q	P	T	L	D	O	P	T	U	O
E	L	U	J	R	X	R	A	L	C	C	K	Z	M	P	O	R	R
R	Y	P	A	A	I	O	F	S	E	O	Z	I	A	E	G	B	K
E	K	W	M	T	C	N	L	M	R	S	R	K	T	H	A	A	E
Y	S	F	B	L	X	E	C	D	G	C	A	V	F	Z	K	N	R
I	A	I	R	U	A	T	L	A	A	J	S	B	E	P	Z	Q	H
J	R	K	D	V	B	I	T	L	L	V	J	V	R	T	Z	S	F
D	W	U	A	R	E	U	R	E	I	A	E	L	R	E	T	Z	U
C	R	E	S	T	L	I	N	E	R	V	P	W	N	V	Z	E	R
E	L	T	T	E	A	Z	N	Q	P	G	E	M	C	H	P	B	Y
N	M	V	W	A	I	C	U	I	R	M	E	D	I	L	P	S	I
R	C	N	K	Z	R	Q	L	Q	D	U	I	K	K	Q	J	D	E
P	V	W	B	P	A	T	P	X	C	C	Q	I	E	W	O	O	A

BEL AIR	DEVILLE	IMPALA	PICKUP
CAPRI	DIPLOMAT	IMPERIAL	SARATOGA
CORONET	ELECTRA	LESABRE	SKYLINE
CORVETTE	FAIRLANE	MONTEREY	SUBURBAN
CRESTLINER	FURY	NEW YORKER	TBIRD

1950s Flowers

J	L	N	T	P	V	G	I	K	S	X	A	H	M	R	Z	L	X
W	X	P	Q	V	F	A	S	C	K	Q	F	G	O	K	F	U	E
O	N	I	Q	M	M	R	H	O	I	X	I	A	S	C	V	A	W
R	D	N	K	T	S	D	T	H	C	B	D	I	E	O	Q	W	X
C	A	K	C	Q	T	E	N	Y	M	O	R	R	S	M	D	J	N
H	Y	N	T	M	T	N	I	L	J	U	H	M	O	H	L	N	T
I	L	G	G	N	L	I	C	L	W	V	L	Z	R	H	D	R	P
D	I	Y	C	W	I	A	A	O	U	A	X	T	D	B	S	R	H
S	L	S	S	O	E	S	Y	H	B	R	M	X	A	O	E	O	A
D	Y	N	N	C	D	R	H	E	J	D	A	J	F	D	D	S	B
K	R	A	U	B	S	N	E	D	V	I	I	I	A	H	U	E	O
Y	R	P	C	G	P	B	O	B	Z	A	W	J	D	S	M	S	C
L	Z	Z	G	G	G	K	L	M	K	W	M	L	S	J	T	H	G
I	T	Z	E	G	A	R	D	E	N	P	H	L	O	X	O	A	E
L	P	D	C	N	E	T	Z	Z	W	T	U	I	B	C	N	R	U
A	X	U	A	H	I	O	V	H	V	J	E	G	T	G	T	O	I
W	Q	A	B	L	M	V	R	G	P	S	F	G	I	E	E	N	U
A	S	T	I	L	B	E	P	O	N	N	S	J	K	I	U	G	U

ASTILBE	GARDENIAS	LILY	ROSE SHARON
BEE BALM	HOLLYHOCK	MONDO	ROSES
BOUVARDIA	HYACINTHS	ORCHIDS	SEDUM
DAYLILY	IXIA	PANSY	VINE
GARDEN PHLOX	JADE	PINK	WHITE

Movie Stars

P	S	S	J	I	A	V	U	P	R	S	E	N	J	B	F	N	Z
F	M	I	T	A	M	S	N	C	A	O	C	O	R	R	S	L	L
M	L	D	T	E	F	D	P	X	E	F	L	A	R	N	N	L	Q
O	W	N	N	R	W	K	B	K	F	A	N	Y	O	N	I	P	F
M	A	N	J	D	U	A	O	E	H	D	R	U	A	O	O	H	Y
N	R	B	N	N	R	C	R	E	O	D	I	T	V	T	E	M	L
I	B	E	Z	E	N	O	P	T	E	H	J	K	A	S	M	U	L
T	C	W	T	H	D	B	F	K	G	H	O	M	T	N	H	M	E
R	X	S	V	S	U	L	T	D	U	M	G	O	W	B	I	H	K
A	J	K	X	R	A	D	O	D	T	U	N	K	A	H	S	S	W
M	J	V	N	D	S	C	S	H	A	N	K	P	G	A	I	S	A
B	D	K	D	C	S	O	N	Q	E	O	V	L	J	Y	I	F	Y
L	O	S	K	K	N	K	L	A	H	T	U	T	R	W	I	O	N
U	A	A	G	B	V	I	J	I	L	H	M	C	E	A	T	K	E
I	Y	R	E	S	B	C	T	R	F	G	N	L	E	R	I	H	V
E	Z	K	N	N	J	U	F	R	B	U	B	J	P	D	W	T	K
L	O	B	H	X	U	U	I	E	J	A	D	Q	G	C	J	S	U
O	X	Q	T	E	K	H	S	K	T	L	M	P	S	G	Z	L	I

BRANDO	HESTON	KERR	MONROE
CURTIS	HOLDEN	LANCASTER	SINATRA
FORD	HUDSON	LAUGHTON	STEWART
HAYWARD	KAYE	LEWIS	TAYLOR
HEPBURN	KELLY	MARTIN	WAYNE

1950s Basketball Stars

ARIZIN	HEINSOHN	PETTIT	SHARMAN
COUSY	JOHNSTON	PHILLIP	STOKES
DAVIES	MARTIN	POLLARD	TWYMAN
FULKS	MIKAN	RAMSEY	WANZER
GALLATIN	MIKKELSEN	SCHAYES	YARDLEY

1950s Baseball

M	B	P	H	L	M	S	M	F	A	Z	H	C	I	B	V	S	Q
D	Q	N	P	H	D	L	U	U	I	K	A	M	A	Y	S	M	L
F	B	S	H	P	Z	N	S	I	T	G	A	D	N	A	B	L	K
B	H	M	B	R	C	M	I	A	S	I	O	C	S	G	P	E	K
A	M	D	A	Q	V	M	A	L	A	D	K	H	O	T	V	H	Q
S	H	C	Q	G	Q	G	L	Q	G	L	B	Q	M	R	P	L	S
C	E	N	F	O	L	V	K	E	B	U	O	E	H	J	A	I	P
Y	Z	L	T	N	J	I	R	I	R	F	H	E	A	D	R	W	A
R	A	S	T	Z	E	S	E	N	P	U	O	N	A	N	R	W	H
H	S	N	R	N	R	O	B	E	R	T	S	H	R	R	E	E	N
S	H	N	K	J	A	W	A	C	O	H	Q	H	O	N	B	C	R
W	B	J	I	E	W	M	W	L	C	R	N	B	N	P	N	R	H
E	O	G	S	D	E	D	N	J	N	K	I	B	P	F	P	E	L
H	Z	K	C	O	E	S	O	G	A	N	U	D	A	D	I	I	U
T	S	N	R	A	I	R	J	B	S	X	G	X	I	N	X	P	M
A	N	M	S	M	I	N	H	O	Y	G	H	J	N	A	K	C	O
M	W	U	X	S	T	E	N	G	E	L	N	R	B	H	N	S	O
W	I	L	L	I	A	M	S	A	R	J	M	G	M	O	R	Z	H

AARON	DODGERS	MUSIAL	SPAHN
ASHBURN	MAGLIE	PIERCE	STENGEL
BANKS	MANTLE	ROBERTS	WILHELM
BERRA	MATHEWS	ROBINSON	WILLIAMS
DOBY	MAYS	SNIDER	YANKEES

1950s Football

X	A	R	W	S	T	Y	D	A	H	A	R	Q	B	R	E	H	C
A	C	L	A	R	K	F	K	N	E	O	R	C	T	L	B	U	E
T	A	K	N	E	V	E	R	S	J	L	G	T	M	P	J	T	P
R	Q	G	I	H	C	P	E	E	Q	P	K	X	F	E	N	S	V
M	Z	X	B	M	C	N	G	P	G	O	L	N	R	F	A	O	W
L	T	N	A	W	L	N	N	K	U	P	L	C	I	O	G	N	R
G	E	N	T	O	G	O	A	T	Y	N	O	V	H	H	U	Q	P
L	K	A	T	P	Z	T	R	O	O	Z	C	K	G	G	R	X	U
Y	S	M	L	D	J	F	G	U	N	O	S	F	F	J	S	U	M
M	L	T	E	W	S	A	T	S	D	S	I	R	J	L	K	F	C
A	A	R	S	K	H	R	E	R	E	J	R	O	H	X	I	H	N
N	H	O	L	S	H	T	F	Q	R	C	D	U	F	U	A	N	A
N	C	F	Q	I	M	E	K	R	T	Z	B	M	U	Q	Q	Y	L
P	I	U	H	Z	P	C	E	X	Z	B	G	L	P	W	R	S	L
S	M	E	D	R	Z	B	V	D	A	L	R	R	V	N	N	M	Y
M	H	B	O	U	R	Z	U	R	O	M	X	R	E	I	O	S	J
O	Q	H	V	E	L	E	D	L	X	H	I	H	E	R	V	V	P
R	T	M	H	H	A	A	I	K	Z	W	J	H	G	Q	F	G	G

BATTLES	GUYON	HUBBARD	NAGURSKI
CLARK	HEIN	HUTSON	NEVERS
DRISCOLL	HENRY	LYMAN	STYDAHAR
FORTMANN	HERBER	MCNALLY	THORPE
GRANGE	HINKLE	MICHALSKE	TRAFTON

1950s Golf

N	L	A	S	E	S	F	G	D	T	N	E	U	U	S	D	M	D
Q	V	E	K	K	T	P	R	O	S	B	U	R	G	Z	T	Q	F
E	S	C	N	X	A	R	D	V	F	H	I	I	K	V	U	U	F
B	O	G	S	L	G	E	E	A	T	U	Q	K	Q	M	R	S	M
L	T	B	M	N	M	R	K	B	D	H	R	I	Q	L	N	N	I
H	P	E	J	A	V	E	K	M	R	K	O	G	L	U	E	E	D
B	R	P	R	I	V	B	O	L	T	E	H	M	O	P	S	A	D
Z	H	E	P	Q	C	O	L	K	G	P	H	B	S	L	A	D	L
P	T	A	U	X	F	F	O	R	D	J	O	X	N	O	T	F	E
L	C	H	R	B	P	H	C	E	K	R	E	A	Z	H	N	K	C
A	D	A	O	B	B	M	B	U	O	J	V	L	T	L	U	H	O
Y	E	B	S	G	E	D	I	S	M	V	H	C	F	Q	Z	S	F
E	H	N	E	P	A	R	V	E	A	O	R	K	B	W	Q	B	F
R	K	L	B	E	E	N	T	J	Y	L	Q	R	A	I	O	K	H
O	L	H	G	F	K	R	L	C	E	U	F	M	Q	C	C	J	Z
Q	H	M	X	K	W	R	L	H	R	G	X	F	R	E	L	A	W
P	A	Q	E	T	F	H	U	L	I	R	R	T	L	U	U	N	W
T	H	R	T	S	X	R	A	B	C	M	A	F	K	T	R	V	I

BOLT	FLECK	HOGAN	PLAYER
BOROS	FORD	LOCKE	ROSBURG
BURKE	FURGOL	MAYER	SNEAD
CASPER	HARBERT	MIDDLECOFF	THOMSON
DEMARET	HERBERT	PALMER	TURNESA

Rockabilly Quotes 3

G	G	R	O	Y	A	L	S	H	A	F	T	E	B	F	D	L	Z
W	J	W	L	W	C	H	K	I	A	D	C	R	K	R	B	E	T
J	E	M	M	V	X	C	I	M	S	G	E	F	E	C	A	Q	U
K	N	O	S	W	E	A	T	M	V	A	B	N	V	V	W	N	O
O	T	E	N	C	M	J	L	E	D	S	H	E	A	T	I	A	T
N	U	L	J	U	B	N	B	F	B	K	D	R	T	F	S	S	A
E	O	C	S	L	D	H	Z	I	F	L	I	I	J	I	I	K	L
P	J	Y	A	W	U	A	D	G	G	L	G	N	Q	Q	S	L	F
X	L	S	A	X	E	W	D	K	L	V	I	Q	U	R	S	N	J
I	T	O	T	L	R	N	F	D	F	Q	Z	C	U	V	A	I	K
B	A	J	H	O	B	L	D	V	Y	J	B	H	K	X	H	Q	W
E	H	F	C	E	I	P	S	A	N	O	K	I	X	O	C	F	X
B	W	K	P	P	Z	J	U	I	B	N	U	O	K	I	Y	K	V
A	E	E	J	E	K	L	R	E	D	V	M	Q	O	T	S	L	T
T	E	G	D	Q	R	V	F	S	R	E	N	M	C	C	S	L	X
S	V	I	U	Y	V	G	V	O	P	I	S	I	F	K	A	W	R
B	T	F	I	D	L	F	Q	N	E	A	F	B	N	L	L	W	B
S	X	B	G	I	A	C	R	S	P	S	H	M	G	B	C	O	S

BAD NEWS	COOK	FLAT OUT	NERD
BLAST	DADDY O	FLICK	NO SWEAT
BREAD	DIBS	FLIP	ROCKET
CLASSY CHASSIS	DIG	HEAT	ROYAL SHAFT
CLYDE	FIRE UP	LAY ON	SIDES

Rockabilly Quotes 4

F	E	B	S	E	Q	Z	B	D	N	A	T	Q	N	R	R	I	F
S	U	F	W	H	L	O	V	X	R	S	S	C	I	V	H	N	L
M	K	L	X	A	S	V	C	J	P	A	G	P	G	H	H	B	O
K	R	L	X	S	H	S	C	L	V	K	G	C	A	A	B	G	O
R	X	A	Z	U	E	L	I	K	C	Z	H	J	O	Z	H	N	R
F	Z	P	C	V	P	T	C	O	W	E	Z	M	S	S	A	G	I
I	C	A	T	H	T	H	R	U	W	J	Q	R	V	F	O	R	T
S	Q	S	L	W	E	T	R	A	G	B	A	I	N	Z	P	W	P
C	P	U	W	S	L	A	X	D	C	T	N	D	I	A	C	Y	O
R	R	X	G	A	X	Q	E	C	N	I	K	A	Q	C	Z	P	X
E	O	M	E	B	O	D	Q	C	I	L	W	P	C	A	W	X	R
A	N	R	A	E	E	D	O	G	Z	O	C	G	R	K	G	V	A
M	N	B	D	P	Z	T	L	N	Z	O	K	C	F	D	B	C	T
U	Y	X	N	Q	B	Q	I	N	U	C	L	C	E	R	Z	L	I
D	W	P	H	I	P	Z	R	C	C	I	C	N	T	L	X	M	G
P	N	I	Q	Z	L	L	D	R	J	N	F	F	C	W	A	H	H
V	R	W	U	H	L	I	K	O	W	K	A	O	J	S	T	X	T
Q	Z	Z	X	M	W	D	I	T	R	I	D	B	K	C	G	W	F

BABY	CUZZIN	NOD	SPAZ
BOSS	DRAG	PAD	SPLIT
CAT	FLOOR IT	ROCK	TIGHT
COOL IT	HEP	ROD	UNREAL
CRAZY	HIP	SCREAM	WET RAG

1950s Insults

Z	F	A	P	E	O	W	E	E	D	S	P	A	Z	P	K	W	E
N	T	O	H	L	O	U	K	Z	R	I	F	F	R	A	F	F	S
R	L	I	O	O	G	U	F	R	I	B	B	L	E	S	B	T	V
X	W	J	D	G	W	M	V	R	A	S	B	J	Q	X	U	W	L
H	V	B	A	D	N	E	W	S	G	V	W	U	O	F	I	O	E
F	R	Q	H	F	S	Q	I	C	S	I	A	B	F	C	R	H	K
I	Q	U	N	C	G	B	S	Q	X	R	R	I	M	A	R	T	A
N	P	R	R	A	B	F	G	D	E	E	T	T	B	N	E	V	L
K	M	A	A	F	P	K	A	C	T	Z	T	S	Q	D	R	C	F
F	M	J	Z	U	K	R	B	T	E	S	S	H	V	Y	O	G	W
T	D	D	N	O	U	C	A	G	H	A	B	P	R	A	D	J	V
B	U	N	D	I	E	H	D	E	H	R	Y	D	Z	S	D	Z	D
S	X	S	T	B	C	U	T	K	V	K	A	J	F	S	B	M	S
E	O	C	K	R	F	N	W	K	C	Z	C	T	A	I	A	U	X
K	Z	X	V	X	A	M	C	I	N	O	N	U	H	E	L	J	J
B	T	E	V	S	I	G	J	T	M	F	Q	V	R	J	L	P	I
P	H	L	R	X	H	Z	O	P	P	K	B	F	G	B	G	A	P
E	J	H	D	J	R	Z	B	B	W	D	Q	X	U	H	A	F	L

BAD NEWS	CHATTER BOX	FRIBBLE	RIFF RAFF
BAG	DITZ	FUDGE	SCRAM
BOGART	FINK	GOOF	SPAZ
BUNDIE	FLAKE	ICKY	SQUARE
CANDY ASS	FREAM	ODD BALL	STUFF IT

Television

V	U	V	I	H	S	T	A	K	X	S	U	F	T	L	F	U	J
F	N	K	X	S	V	E	R	X	F	M	X	W	Q	F	X	M	V
H	N	X	E	N	T	K	L	E	G	V	O	U	V	X	W	Q	C
O	Z	S	B	O	K	P	J	B	R	O	A	V	C	R	K	A	B
T	S	B	F	I	K	R	V	G	A	U	T	L	B	V	M	F	Z
E	E	C	C	T	L	S	S	G	L	C	T	B	N	E	S	T	I
T	P	R	B	A	N	C	B	M	S	P	E	L	R	M	S	C	D
T	O	E	A	T	A	R	C	K	L	W	C	A	U	A	B	G	H
V	C	C	U	S	T	E	U	N	A	I	B	L	C	C	N	L	K
F	S	B	T	Z	I	E	A	T	E	W	F	D	A	L	O	I	R
J	E	K	C	K	O	N	D	N	O	T	A	P	J	F	D	C	O
L	N	M	N	O	N	Q	V	J	D	O	W	A	Q	J	Z	O	Y
O	I	P	V	P	A	F	K	X	R	P	B	O	E	V	G	A	W
A	K	X	Z	A	L	S	U	B	K	R	Z	S	R	W	D	X	E
V	Q	F	M	H	H	R	T	S	S	H	O	W	G	K	B	I	N
F	U	R	U	R	A	L	G	P	Q	L	V	L	A	X	F	A	N
N	D	P	R	O	G	R	A	M	M	I	N	G	L	O	X	L	O
V	L	V	S	I	J	S	P	V	H	G	C	G	T	Z	L	I	X

ABC	COAST	NATIONAL	RURAL
BROADCAST	COAXIAL	NBC	SCREEN
CABLES	CULTURE	NETWORK	SHOW
CAMERA	FILMS	NEW YORK	STATIONS
CBS	KINESCOPES	PROGRAMMING	TV

TV Shows

F	F	I	S	C	I	E	N	C	E	B	E	O	F	J	J	P	K
A	T	V	K	R	T	F	X	W	C	O	O	K	I	N	G	O	T
E	W	V	H	X	C	O	M	E	D	I	E	S	A	L	H	G	W
G	E	Q	C	P	D	G	F	D	P	A	K	V	J	S	Z	E	F
S	S	P	L	P	I	Z	G	O	M	N	B	K	P	D	M	Z	F
D	T	F	H	L	Z	T	R	R	D	R	S	O	D	N	Q	S	J
H	E	I	C	I	G	M	N	C	O	K	R	D	M	I	B	N	H
L	R	C	T	V	T	K	J	A	Y	T	Z	P	I	M	W	O	U
S	N	T	S	E	E	O	D	T	S	E	F	M	M	K	R	O	A
A	J	I	Q	C	G	W	E	B	S	X	Z	U	P	S	E	T	U
M	I	O	P	F	A	I	S	B	N	T	Z	I	A	E	S	R	D
A	X	N	M	Y	R	F	K	Q	U	M	D	J	G	R	T	A	I
R	X	D	X	A	E	F	N	J	R	B	G	A	B	N	L	C	E
D	L	A	V	I	V	K	E	U	E	N	M	C	J	E	I	S	N
D	G	R	O	V	O	L	Q	R	R	E	E	V	P	G	N	G	C
R	L	R	U	U	C	T	B	Z	S	N	A	W	N	Z	G	Q	E
G	C	G	U	Q	L	Z	W	X	L	C	L	G	S	X	B	V	K
T	O	O	M	O	S	E	G	M	E	N	T	C	V	M	N	A	V

AUDIENCE	COVERAGE	KIDS	SEGMENT
BROADWAY	DRAMAS	LIVE	SPORTS
CARTOONS	FICTION	NEWS	VARIETY
COMEDIES	GAMES	RERUNS	WESTERN
COOKING	GENRES	SCIENCE	WRESTLING

1950s Politics

M	Z	J	T	X	P	Z	Q	E	X	O	W	G	W	V	A	R	J
U	N	I	O	N	T	A	T	I	C	H	I	F	A	B	A	I	L
J	X	D	P	M	U	M	S	S	A	Z	Z	J	V	W	Q	Q	A
G	Z	T	E	S	I	S	A	E	E	C	B	H	D	F	O	O	Q
A	X	R	K	I	P	W	T	N	V	L	T	L	N	E	K	O	O
V	Y	K	A	N	R	P	E	H	H	E	O	I	U	W	E	G	G
J	H	I	X	U	M	N	L	O	G	C	P	G	V	O	O	P	F
A	T	N	R	M	A	J	L	W	S	I	V	O	A	I	U	R	M
S	R	T	F	M	R	S	I	E	K	N	R	T	L	B	S	N	B
O	A	U	J	O	M	Z	T	R	X	N	O	R	O	I	U	M	H
V	C	P	C	C	I	J	E	S	C	A	A	V	V	C	C	N	E
I	C	S	N	Q	S	N	T	E	U	I	M	F	L	G	A	Y	P
E	M	X	M	P	T	E	Q	S	S	D	V	E	J	M	U	X	H
T	I	M	R	K	I	Z	L	R	G	E	A	I	U	R	B	E	X
F	C	H	U	R	C	H	I	L	L	R	N	R	L	D	M	U	W
X	A	N	O	L	E	D	R	E	T	C	T	I	P	W	K	O	C
T	P	Q	M	H	W	B	M	X	S	S	R	U	H	I	A	C	F
O	S	U	B	V	E	R	S	I	V	E	C	J	M	C	V	A	S

ACTIVISM	CIVIL	NUCLEAR	SPUTNIK
ARMISTICE	COLD WAR	POLICY	SUBVERSIVE
BROWN	COMMUNISM	RIGHTS	TOPEKA
CHINESE	EISENHOWER	SATELLITE	TRUMAN
CHURCHILL	MCCARTHY	SOVIET	UNION

1950s Dance Moves

O	G	U	S	Z	S	M	W	W	Y	T	S	B	H	Z	W	A	W
V	V	W	E	T	D	M	R	E	S	L	I	I	O	K	O	T	M
S	M	H	R	Q	H	K	X	W	J	M	L	C	U	P	O	M	X
F	E	O	X	N	E	L	G	S	O	A	B	U	D	R	G	A	Q
T	L	Z	K	X	L	N	A	V	I	C	U	O	G	O	I	D	T
L	B	T	A	U	I	I	E	E	H	Q	N	T	G	C	E	I	T
N	Y	R	X	W	B	S	F	A	H	Z	N	S	K	K	H	S	N
V	O	L	S	I	M	N	C	L	A	H	Y	I	U	N	P	O	A
Q	M	I	L	X	D	H	S	N	F	C	H	W	C	R	X	N	P
C	B	P	S	U	A	P	B	G	C	U	O	T	H	O	W	S	J
P	O	T	G	I	H	O	U	D	X	C	P	X	A	L	O	T	T
T	O	M	Z	T	V	B	L	O	W	R	W	N	L	L	L	Z	I
A	G	C	R	V	R	E	X	X	R	E	E	C	Y	X	S	B	N
P	I	P	R	E	L	S	L	M	Q	N	M	R	P	N	P	S	B
D	E	G	T	F	H	U	X	E	H	T	L	H	S	I	Z	L	O
I	H	T	K	J	N	H	D	V	T	R	B	L	O	V	G	C	W
L	I	N	D	Y	A	P	B	F	C	A	S	Z	F	S	O	A	O
J	J	T	A	Q	N	I	J	O	V	P	X	P	X	V	W	R	L

BOOGIE	GULLY	MOVES	SWING
BOP	HULLY	PARTNER	TAP
BUNNY HOP	JITTERBUG	ROCKNROLL	TELEVISION
CHA CHA	LINDY	SLOW	TWIST
CHALYPSO	MADISON	STROLL	WOOGIE

Medical Advances

O	R	R	Q	K	N	D	V	B	A	E	N	B	L	E	R	S	H
X	H	E	G	H	T	X	N	N	I	W	N	N	R	O	X	E	P
G	S	S	R	E	P	R	J	U	B	J	K	I	I	E	U	V	E
C	T	E	R	L	N	G	A	M	O	B	C	P	C	R	M	L	N
D	C	A	E	K	H	E	R	E	N	S	K	G	H	C	E	A	I
Y	A	R	J	R	X	S	T	G	H	D	A	Z	N	C	A	V	C
P	R	C	M	N	M	P	C	I	N	N	N	R	B	K	F	V	I
A	A	H	R	I	G	C	T	I	C	I	E	A	T	K	H	M	L
R	T	I	A	E	O	M	W	R	T	S	K	P	W	L	F	L	L
E	A	C	S	U	K	C	L	E	A	O	R	O	O	J	U	L	I
H	C	K	G	G	B	A	J	A	C	N	I	D	M	C	G	I	N
T	B	H	H	V	S	A	M	G	E	S	S	B	F	S	V	P	A
O	M	K	U	V	W	B	F	E	B	I	R	P	I	A	G	E	T
M	P	O	L	I	O	E	L	G	C	M	B	V	L	T	U	H	X
E	U	R	D	O	P	P	L	E	R	A	D	T	H	A	N	T	H
H	J	L	R	W	J	F	W	B	C	Q	P	N	I	N	N	A	V
C	O	E	S	T	R	M	E	F	V	W	V	Z	M	A	B	T	O
C	P	R	F	Q	G	I	Q	X	I	G	D	C	W	Q	C	O	C

ANTIBIOTIC	DNA	PENICILLIN	THE PILL
CATARACTS	DOPPLER	POLIO	TRANSPLANT
CHEMOTHERAPY	GENETICS	REM	ULTRASOUND
COUGH	OPEN HEART	RESEARCH	VACCINE
CPR	PACEMAKER	SMOKING	VALVES

Art Movement

M	I	V	C	S	J	G	L	U	J	B	S	O	L	T	U	L	X
Q	U	F	O	T	O	A	A	P	O	K	C	I	A	N	G	C	B
J	E	S	E	E	W	R	E	I	A	S	U	Q	N	I	N	Z	F
N	F	E	L	E	R	D	R	O	R	V	L	A	D	R	I	L	P
R	T	F	E	L	E	E	R	P	I	U	P	U	S	P	S	G	R
E	V	S	M	B	O	I	U	R	C	Q	T	D	C	C	I	W	B
D	F	N	R	O	J	Z	S	O	T	X	U	I	A	T	T	D	N
O	C	E	O	S	G	S	L	T	C	J	R	V	P	R	R	L	N
M	I	E	F	T	P	L	N	A	A	G	E	K	E	A	E	E	O
A	R	R	N	H	A	G	E	H	R	A	H	Q	T	P	V	I	C
H	T	C	I	G	N	J	E	P	T	V	P	L	S	O	D	F	S
G	E	S	E	W	K	E	O	Z	S	A	P	A	O	P	A	R	U
Z	M	K	S	G	B	N	O	Q	B	N	D	C	C	L	L	O	E
T	O	L	A	I	P	J	O	D	A	T	C	I	I	S	M	L	H
N	E	I	E	Z	K	U	V	I	A	A	I	R	E	V	P	O	P
H	G	S	J	V	N	N	K	M	T	D	M	Y	T	J	M	C	B
L	A	S	M	O	Q	M	J	V	V	C	A	L	Y	O	U	T	I
J	S	T	C	H	W	W	O	J	A	V	A	S	D	C	N	V	I

ABSTRACT	COLOR FIELD	LYRICAL	SCULPTURE
ACTION	GARDE	MODERN	SILKSCREEN
ADVERTISING	GEOMETRIC	NEO DADA	SOCIETY
AVANT	INFORMEL	POP ART	STEEL
COLLAGE	LANDSCAPE	PRINT	SURREAL

Literature

E	C	N	C	G	A	W	L	U	R	E	Q	V	E	W	X	E	M
U	A	R	E	D	R	R	X	F	X	T	I	Z	K	O	H	C	O
N	B	L	C	L	W	E	Z	J	G	T	W	A	R	R	L	A	S
C	K	L	I	N	O	L	B	N	F	A	N	T	A	S	Y	P	T
O	R	E	C	E	O	N	A	E	O	P	E	D	J	H	G	S	O
N	E	J	W	H	N	V	E	I	L	I	J	D	M	X	B	C	B
T	W	J	X	X	R	S	E	L	C	L	G	T	J	F	E	A	O
E	O	Q	B	P	L	I	L	L	I	I	I	R	I	P	P	R
M	P	L	P	Z	J	E	S	C	S	N	F	O	L	D	I	W	L
P	M	T	T	Q	S	F	Y	T	H	K	E	R	N	E	C	A	Z
O	E	C	I	B	N	I	N	R	I	I	I	S	E	H	R	U	V
R	Q	P	W	R	Q	G	D	X	O	A	L	H	S	P	R	Q	V
A	T	T	R	Q	V	F	B	Z	B	T	N	D	K	O	U	U	D
R	H	C	O	N	S	U	M	I	S	M	S	I	R	A	G	S	A
Y	S	H	O	R	T	Z	E	J	M	B	F	T	K	E	N	W	B
B	L	D	V	O	E	F	W	C	Z	I	V	H	K	T	N	S	E
R	T	H	E	B	E	A	T	V	C	A	X	P	A	Z	F	A	J
V	R	A	D	B	U	L	Z	S	T	S	B	O	G	F	U	Q	P

ALIENS   EMPOWER   REBELLION   SPACE

CHILDREN   EPIC   RELIGION   STORY

CHRISTIAN   FANTASY   ROBOTS   SUPERFICIAL

CONSUMISM   LONELINESS   SCIFI   THE BEAT

CONTEMPORARY   NOVELS   SHORT   WAR

Women History

Q	D	F	A	P	P	A	J	U	T	P	Z	M	Z	F	S	T	J
N	N	V	X	X	O	E	S	B	E	S	N	F	I	R	O	N	W
B	L	G	S	O	Z	H	E	L	M	F	K	Q	R	O	R	T	G
S	M	O	D	E	R	N	S	K	M	O	I	K	K	A	R	L	Z
B	E	R	P	C	L	Z	F	I	E	O	T	W	I	B	V	S	S
K	X	C	P	S	B	U	Z	Q	E	S	I	H	S	I	L	Q	B
W	J	A	N	O	F	P	R	A	M	D	U	E	E	P	T	N	O
K	P	X	O	A	W	A	C	Z	I	A	N	O	S	R	K	I	J
F	N	M	W	O	I	C	C	G	D	W	R	A	H	I	P	B	F
A	X	C	U	Z	B	L	F	T	N	O	N	R	B	A	A	L	M
M	I	D	C	E	Q	E	P	D	O	I	E	G	I	S	O	R	P
O	D	N	V	D	Z	J	D	P	L	R	N	K	Z	A	U	D	V
C	H	I	L	D	R	E	N	I	A	L	Y	R	D	R	G	H	U
F	U	B	N	C	G	S	V	R	E	W	U	H	A	S	N	E	K
N	A	V	O	G	X	D	F	J	X	N	K	F	T	D	A	Q	A
S	E	W	I	N	G	Q	B	M	V	E	T	R	C	A	E	A	S
Z	J	A	P	C	Z	M	I	V	E	B	M	L	R	H	L	W	C
J	Q	C	T	B	C	M	E	A	L	S	Q	H	M	H	C	J	F

APPLIANCES	FACTORY	MARRIAGE	RAISE
BOOM	HOUSEKEEP	MEALS	RULES
CHILDREN	HUSBAND	MODERN	SEWING
CLEAN	IRON	MOTHER	SHOP
DARNING	JOBS	OBEDIENT	WIFE

Cinema

C	M	X	T	L	O	M	U	S	I	C	A	L	G	H	P	L	O
F	H	I	S	T	O	R	I	C	A	L	S	R	B	F	K	A	F
N	A	F	S	B	O	Q	S	P	S	H	T	H	E	M	E	S	T
W	K	P	T	X	B	T	R	A	D	I	T	I	O	N	A	L	X
D	C	E	O	E	L	G	W	N	V	S	J	S	V	X	H	C	N
D	E	K	A	L	X	A	I	O	C	G	T	S	R	S	S	D	Z
N	K	C	D	S	Q	D	D	I	G	O	U	I	S	G	M	A	C
Q	H	U	E	M	R	Z	P	T	D	P	A	R	T	Y	V	I	L
M	A	J	T	G	U	E	S	A	O	S	H	M	G	R	N	W	U
A	H	L	A	K	N	S	N	T	O	G	Q	A	I	E	U	A	T
M	X	B	M	S	F	D	Z	P	C	P	K	T	M	I	C	A	E
A	R	Z	I	U	A	A	L	A	B	K	A	A	V	T	B	X	L
R	C	N	N	R	G	R	V	D	F	K	S	I	I	O	O	E	S
D	J	U	A	F	E	O	R	A	B	C	S	O	O	T	G	S	A
O	T	C	Z	I	V	R	Q	R	O	I	N	N	D	G	T	D	T
L	V	K	X	N	U	R	H	P	O	L	C	O	L	H	3	P	S
E	W	J	L	G	V	O	E	N	Z	R	A	O	T	R	E	J	I
M	C	N	O	I	A	H	D	A	C	I	N	E	R	A	M	A	V

3D	CINEMASCOPE	MELODRAMA	TEEN
ACTION	CINERAMA	MUSICAL	THEMES
ADAPTATION	EPICS	PARTY	TRADITIONAL
ANIMATED	HISTORICAL	SURFING	VISION
BEACH	HORROR	TABOO	VISTA

Comics

```
F Q M N Z N D F O B H Q W C C G S O
S W W J R T O R B Z S G M F D L V M
T C D H X E E W C I S G A E E G I G
R U S V P H T L U E I Q G C T Q O S
I A S A R F A S R T Z M A N A S L I
P K U E T S X I E D K C Z A R M E L
O T P V S I P D S W X S I M T T N V
A U M I B M R V N K C P N O S N T E
S Z C V A D I E D R P X E R U I E R
R S M V I I W F I U C M P H L R J N
M J S U C S F P N O N A L M L P M F
E D N K P I T I I H U M O R I E J B
Z J N A B J E O C T M Q R N I R U R
H J P W N S M N W S T J T O C D X G
N E G R J V I C I N V J S I R X X C
R G F C E Q R Z O M B I E S L R W H
N L E T I W C D T N C O N Z R C O R
W K J O I M W A R L O C K S X O N H
```

CLASSICS	MAGAZINE	SCIFI	VAMPIRES
CRIME	NEWSPAPER	SCRIPT	VIOLENT
HORROR	REPRINT	SILVER	WARLOCKS
HUMOR	ROMANCE	STRIP	WESTERN
ILLUSTRATED	SATIRE	SUPERHERO	ZOMBIES

Hair Styles

C	E	H	X	O	I	E	N	O	H	U	N	O	X	M	P	J	U
K	S	L	F	T	X	I	M	A	L	Z	X	H	S	Z	O	J	E
C	N	A	D	S	K	X	P	K	R	I	L	J	T	J	O	W	X
I	L	T	Z	C	K	I	V	I	K	U	A	W	Z	S	D	A	N
H	I	P	R	Z	G	P	I	X	S	H	O	T	A	X	L	Z	P
T	A	R	E	M	I	M	K	S	A	S	E	D	K	V	E	L	E
V	T	S	L	K	G	I	B	T	Z	N	T	C	A	C	A	B	G
Z	Y	H	R	U	W	V	S	M	R	N	P	L	Z	P	U	O	P
C	N	O	U	A	Z	C	Q	U	A	H	E	I	F	U	M	D	Z
F	O	R	C	W	C	U	B	F	M	E	R	P	P	A	B	O	K
R	P	T	Z	F	F	E	F	R	O	L	M	Z	R	R	M	W	P
I	R	T	M	P	D	U	L	K	P	B	Q	G	J	T	F	T	R
N	Y	K	S	I	O	S	M	C	E	B	M	K	I	I	Q	J	K
G	L	K	S	B	N	C	J	U	V	U	B	A	N	G	S	V	B
E	R	H	U	K	E	R	L	B	B	B	Q	V	Q	L	O	T	H
M	U	X	S	B	A	C	O	V	V	Z	G	B	A	C	V	U	S
V	C	I	P	S	A	B	I	T	A	L	I	A	N	B	K	U	Z
F	O	N	C	T	M	R	O	L	L	S	M	G	E	D	O	D	W

BANGS	CURLER	ITALIAN	POODLE
BOB	CURLY	PERM	ROLLS
BOUFFANT	DUCK TAIL	PIXIE	SHORT
BUBBLE	FRINGE	POMPADOUR	SIDEBURN
CLIP	HATS	PONYTAIL	THICK

Spaceflight

V	O	U	G	T	H	H	I	S	S	U	C	G	O	J	C	X	K
J	V	W	F	U	R	N	L	U	S	N	I	P	L	R	A	S	S
L	E	I	W	O	C	X	S	D	P	G	T	T	G	Q	T	T	A
W	P	E	K	K	N	T	R	L	U	N	S	E	Z	S	H	E	T
H	J	U	B	I	V	G	P	A	T	I	I	P	M	J	N	I	E
H	T	P	R	O	N	P	C	U	N	D	L	A	I	N	O	V	L
G	H	R	W	E	R	G	X	N	I	N	L	O	S	L	O	O	L
I	S	D	A	H	V	E	G	C	K	A	A	X	S	A	M	S	I
S	J	J	U	E	W	E	A	H	F	L	B	U	I	R	C	O	T
S	H	I	U	D	R	A	C	L	W	G	A	H	L	E	D	E	E
D	O	K	O	R	B	I	T	A	E	U	R	Q	E	V	C	T	S
N	M	S	A	I	R	T	U	Z	P	E	U	I	H	A	U	E	Q
K	U	Q	K	K	H	C	C	V	T	S	O	U	P	N	E	K	Q
W	N	L	I	D	P	V	I	S	Z	K	X	K	X	A	P	C	I
W	K	G	A	L	U	M	O	W	S	B	K	A	G	C	F	O	A
H	S	L	L	E	N	O	Z	D	G	H	K	F	M	C	D	R	B
M	P	B	X	V	B	G	H	J	B	V	O	S	T	O	K	X	Q
R	A	C	E	S	H	L	C	O	P	J	N	A	S	A	P	I	Q

AEROBEE	LAIKA	NASA	SOVIETS
BALLISTIC	LANDING	ORBIT	SPACE
BOOSTER	LAUNCH	RACE	SPUTNIK
CANAVERAL	MISSILE	ROCKET	VIKING
EARTH	MOON	SATELLITES	VOSTOK

Religion

E	V	A	N	G	E	L	I	C	A	L	L	T	N	E	O	T	N
F	K	G	M	M	C	R	V	F	T	A	P	B	U	U	W	W	E
P	Z	H	I	S	H	T	O	A	V	L	R	A	S	A	N	F	A
H	L	C	E	M	H	R	T	A	O	X	X	O	O	L	P	K	W
V	A	R	N	C	F	Q	E	O	Z	U	C	R	A	R	A	G	U
B	J	U	L	B	R	H	H	E	D	I	T	R	L	A	R	X	E
E	P	H	Q	R	P	C	C	B	A	H	E	A	T	D	I	C	P
L	Z	C	X	U	S	N	W	L	O	B	P	N	T	I	S	A	N
C	J	B	E	N	E	D	I	D	I	O	A	R	T	C	H	T	N
L	Z	E	G	U	L	W	O	L	C	T	A	T	K	A	E	H	A
M	F	B	L	N	W	X	H	S	S	D	R	E	A	L	S	O	I
Q	O	F	F	X	Y	K	I	E	I	Z	O	M	W	K	N	L	T
N	N	R	H	L	S	P	T	T	J	S	M	J	S	O	P	I	S
I	H	N	M	V	E	O	I	P	W	Z	A	P	U	C	W	C	I
A	A	N	W	O	R	O	B	H	S	U	N	D	A	Y	T	Q	R
X	W	I	M	P	N	B	X	P	C	T	S	E	S	R	P	R	H
I	Z	N	C	X	A	O	M	J	E	W	I	S	H	O	G	K	C
J	V	L	P	H	Q	C	V	X	E	E	U	A	C	H	R	P	D

CATHOLIC	INFLUENCE	ORTHODOXY	SCHOOL
CHRISTIAN	JEWISH	PARISHES	SOCIAL
CHURCH	LIBERAL	PROTESTANT	SUNDAY
EPISCOPAL	MORMON	RADICAL	TRADITION
EVANGELICAL	NEO	ROMAN	UPHEAVAL

1950s Conflicts

P	S	C	J	I	S	N	R	W	S	T	R	I	K	E	J	X	M
X	T	U	K	P	C	M	D	T	P	Z	D	P	Q	D	H	W	T
U	O	B	E	H	R	A	L	L	S	R	C	L	E	O	L	P	F
L	G	A	T	X	X	N	L	A	D	N	I	K	W	G	A	E	L
L	A	N	P	O	Y	T	V	R	B	E	R	D	A	L	Z	O	C
O	I	R	O	A	L	E	A	Q	E	O	U	L	E	N	U	U	S
P	S	U	T	X	T	I	I	R	Z	T	R	S	E	Y	X	K	W
W	R	Z	V	E	N	V	S	K	T	C	T	N	R	E	F	P	J
B	O	A	X	B	U	B	I	S	R	I	O	A	I	R	T	K	D
K	I	F	W	Z	H	K	N	S	N	I	G	N	C	A	H	S	D
S	R	Q	J	D	M	E	U	E	T	N	D	S	G	D	B	H	W
J	S	O	V	T	L	W	T	U	U	O	R	N	L	H	J	S	V
E	B	T	M	D	Z	O	L	H	C	T	F	X	U	K	M	I	C
R	V	P	O	I	U	O	C	H	A	N	X	M	D	A	O	N	A
I	A	C	N	I	V	H	I	A	X	A	G	U	H	F	O	N	E
P	U	C	H	E	R	N	K	J	X	A	Q	M	T	H	J	I	R
M	K	C	R	P	A	E	L	K	J	U	L	D	A	G	X	F	O
E	W	J	K	O	H	L	E	R	U	O	D	H	R	W	T	U	K

AKHDAR	HUNGARY	LABOR	STEEL
COLD WAR	HUNTLY	PALESTINE	STRIKE
CUBAN	INDOCHINA	POLLUX	TUNISIA
EMPIRE	KOHLER	REVOLUTION	VIETNAM
FINNISH	KOREA	RIOTS	ZINC

Drinks

W	K	J	C	O	L	A	D	A	W	S	C	B	H	U	J	T	S
L	G	X	V	H	O	O	T	W	R	W	L	J	E	U	O	J	I
L	I	S	I	N	G	A	P	O	R	E	V	Z	L	J	C	Q	I
C	P	I	N	K	P	Q	X	S	P	C	E	E	I	O	O	B	F
M	A	E	Z	F	N	U	C	Z	U	E	P	Q	R	Z	L	C	T
K	C	I	C	O	I	G	Z	A	R	T	D	A	R	N	L	L	I
E	A	A	O	N	G	G	X	B	S	Q	C	C	Z	J	I	E	W
A	M	T	R	W	T	R	E	B	W	E	J	X	M	T	N	R	R
E	H	A	K	D	T	P	C	V	D	Q	R	L	X	U	S	R	N
O	U	N	R	Q	D	I	V	I	S	M	P	I	N	A	V	I	N
L	S	P	N	T	O	B	S	G	C	K	W	P	Q	N	J	U	V
S	R	E	J	T	I	J	N	P	A	R	K	F	I	U	V	Q	W
N	N	A	A	O	N	N	Q	X	V	S	W	S	A	N	X	S	E
S	D	T	J	W	M	I	I	U	C	F	N	O	T	F	P	K	I
U	L	M	G	S	A	J	M	A	L	I	J	L	I	I	O	X	H
W	P	U	R	S	M	J	C	Y	G	F	B	G	A	Z	V	R	S
T	L	B	I	O	T	S	A	O	R	G	V	N	M	Z	J	S	J
A	R	Q	T	O	C	T	J	N	O	A	Q	S	L	I	N	G	A

BREEZE	GINSIN	NOYAUX	SINGAPORE
COLADA	JULEP	PINA	SLING
COLLINS	MAI TAI	PINK	SLOE
FIZZ	MARTINI	SEA	SQUIRREL
GIN	MINT	SIDECAR	TOM

Computer Introductions

I	X	P	M	W	E	P	S	C	I	E	N	T	I	F	I	C	K
W	M	J	U	H	R	G	D	N	I	P	O	S	A	H	E	X	A
B	C	I	U	Q	M	D	P	E	U	H	L	P	V	D	W	N	T
U	P	A	C	T	U	T	A	L	F	M	T	I	N	V	N	U	J
S	C	N	A	K	R	A	O	O	Q	E	E	B	N	K	Z	M	Q
I	I	S	V	P	D	P	D	S	S	G	N	R	Q	N	J	B	U
N	G	C	W	P	F	H	A	W	T	R	O	S	I	R	W	E	M
E	O	A	W	R	C	O	M	P	U	T	E	R	E	C	H	R	D
S	L	N	L	O	A	N	A	L	Y	S	I	S	X	V	A	S	K
S	C	N	S	G	N	K	E	J	J	S	H	P	V	H	F	L	Q
T	N	E	F	R	D	F	N	W	E	R	A	R	Q	C	R	U	R
P	C	R	Q	A	M	T	X	B	C	A	Y	H	I	O	D	E	E
R	L	J	K	M	O	M	F	U	A	R	S	T	B	R	A	R	L
I	Z	H	K	M	E	A	W	T	O	L	E	O	S	K	T	Z	A
M	Q	Z	K	I	I	I	L	M	R	N	T	E	Q	T	I	N	Y
E	Q	D	W	N	L	A	E	L	G	V	B	K	R	X	K	Q	S
W	Q	H	N	G	S	M	H	A	H	U	Z	S	J	C	F	B	N
N	A	A	E	I	K	G	M	M	T	L	L	C	X	G	O	C	E

ANALYSIS	DRUM	NUMBERS	ROBOT
ATLAS	ERA	NUMERICAL	SCANNER
BUSINESS	LOGIC	PRIME	SCIENTIFIC
COMPUTER	MAGNETIC	PROGRAMMING	TUBES
DEFENSE	MEMORY	RELAY	VACUUM

Weddings

W	Q	T	V	W	H	V	R	X	O	R	F	I	R	Z	R	N	P
T	F	W	N	G	T	P	R	V	F	B	E	W	Z	I	E	N	W
A	L	S	H	G	R	A	C	E	T	U	B	N	L	G	R	E	H
Y	X	A	X	H	N	W	P	R	I	N	C	E	I	M	H	K	M
L	G	F	D	I	M	A	G	G	I	O	I	A	L	A	N	T	P
O	R	O	A	X	S	Q	F	E	X	Q	T	D	Q	A	R	T	A
R	D	E	C	R	A	P	V	A	I	S	D	D	R	C	T	U	C
C	W	T	P	L	R	U	I	S	I	A	H	F	L	Q	D	C	R
H	U	X	F	R	T	O	H	R	R	M	Q	X	S	R	N	B	M
G	T	J	F	L	K	T	W	N	I	N	C	N	E	S	M	L	R
C	L	E	N	P	R	G	O	H	C	T	O	Y	A	C	H	S	N
Q	K	B	B	O	C	C	R	X	T	A	A	A	C	I	C	I	R
N	W	E	W	A	P	B	D	A	M	D	R	U	L	M	H	N	U
D	Z	Y	L	V	Z	E	H	A	E	J	A	T	D	X	W	A	B
D	A	D	G	L	U	I	H	C	V	O	O	R	O	O	Q	T	P
H	I	I	D	G	Y	A	L	I	L	N	J	F	E	R	A	R	E
M	O	N	R	O	E	I	G	E	H	I	N	Z	U	A	A	A	H
N	P	K	R	W	M	A	R	I	L	Y	N	S	E	A	Z	Q	M

AUDREY	FRANK	JOE	PRINCE
CONRAD	GRACE	KELLY	RAINER
DIMAGGIO	HAYWORTH	MARILYN	RITA
ELIZABETH	HEPBURN	MIA	SINATRA
FARROW	HILTON	MONROE	TAYLOR

Comedians

O	S	Z	T	A	F	U	Q	F	G	K	E	O	B	B	O	T	T
D	I	I	N	S	N	R	D	J	E	L	N	I	O	I	H	N	K
K	W	M	C	O	K	U	H	C	U	H	N	H	A	D	D	U	C
B	E	H	T	P	L	O	W	K	H	G	C	T	Z	K	I	I	A
T	L	L	T	K	N	F	C	G	E	U	Q	Z	X	E	S	V	J
W	I	K	Z	F	B	W	V	C	O	P	A	B	E	V	V	E	A
M	A	K	K	E	F	E	A	R	C	K	O	W	D	R	I	E	V
S	J	T	R	T	K	I	G	X	H	N	R	H	H	N	R	S	U
X	O	L	G	A	E	D	N	N	B	O	L	Y	H	E	B	O	A
S	E	R	N	F	X	N	M	E	Y	I	P	Z	R	Q	O	R	T
P	K	R	C	V	G	A	N	C	S	B	U	A	N	R	W	M	T
K	D	A	S	A	R	J	K	E	J	S	S	O	K	B	A	D	M
B	O	B	T	T	M	F	B	E	B	M	C	O	Q	W	R	L	D
G	B	O	I	U	B	C	R	P	Q	P	V	K	R	A	A	E	E
O	K	N	N	A	Q	R	K	T	A	A	S	V	W	C	S	F	A
U	N	B	U	U	Y	D	F	O	Z	J	L	A	H	V	E	K	N
F	R	A	I	U	G	K	R	D	E	M	H	R	Q	E	A	Q	S
K	G	V	I	F	K	M	A	R	X	M	L	Z	U	P	C	C	U

BENNET	CROSBY	HOPE	MARTIN
BERLE	DEAN	JACK	MARX
BING	FINE	JERRY	MILTON
BOB	GROUCHO	LARRY	MOE
CAESAR	HAWARD	LEWIS	SID

/ 1950s Women Fashion

I	K	N	P	E	I	T	X	K	L	U	P	X	F	D	Q	R	O
Q	F	M	T	L	L	L	Z	Z	J	C	S	Q	R	C	G	S	C
F	F	O	T	S	A	G	K	V	K	C	C	X	W	S	J	P	S
S	S	S	L	G	I	I	G	L	S	L	O	K	Q	O	Q	R	E
O	H	D	A	C	N	A	D	I	I	G	F	T	G	V	S	H	P
P	I	I	E	B	W	I	W	T	W	C	C	W	T	U	S	G	I
E	R	L	T	Q	O	C	W	H	D	I	N	R	X	O	N	D	R
T	T	O	S	N	N	L	E	S	G	C	T	E	H	Q	N	S	T
T	W	S	H	K	F	O	N	B	U	I	H	P	P	N	U	D	S
I	A	M	Q	A	C	U	E	E	D	V	H	L	B	E	E	D	S
C	I	A	B	H	P	E	N	L	L	B	R	F	F	T	S	F	T
O	S	L	D	D	S	R	H	T	B	W	B	I	R	D	E	H	A
A	T	M	Q	G	R	H	O	C	V	S	W	I	M	D	S	G	L
T	N	K	H	L	L	K	E	N	N	E	K	H	S	F	S	N	F
P	D	R	U	Z	O	H	F	A	S	S	F	F	R	Q	E	C	R
C	Z	Q	A	H	L	A	W	U	T	I	H	G	E	O	R	V	E
C	J	N	L	K	N	W	O	E	N	H	T	Z	Q	Z	D	T	J
M	J	F	O	M	J	H	C	C	E	T	Q	N	B	U	U	D	I

APRON	FLATS	PLAID	SOLIDS
BELT	HIGH WAIST	SHEATH	STRIPES
CHECKS	HOUSEWIFE	SHIRTWAIST	SWING
COTTON	PENCIL	SKIRTED	TEA
DRESSES	PETTICOAT	SNUG	WIGGLE

1950s Men Fashion

W	C	H	T	R	L	C	O	F	C	O	K	K	C	D	Q	J	D
M	O	N	C	Q	O	X	I	H	D	L	B	Q	P	Q	W	Z	Q
L	O	H	P	A	I	K	K	M	L	W	O	R	O	E	A	I	M
R	K	H	H	D	L	K	N	A	W	D	E	S	S	M	K	S	P
Z	S	S	O	E	J	E	O	F	I	P	X	T	C	Z	R	Q	I
L	K	J	F	P	U	C	Z	A	P	Y	E	Q	S	F	U	G	A
B	I	M	W	L	R	P	L	Y	E	R	T	A	M	Q	N	Q	Q
G	N	I	B	A	P	P	G	Q	N	A	M	T	U	I	D	Q	W
A	S	Z	H	S	K	O	S	J	W	T	P	G	R	T	W	C	D
B	W	C	W	W	Z	S	X	Z	X	I	O	O	A	M	A	A	V
S	E	X	M	S	J	R	I	Z	T	L	L	O	M	X	R	R	P
U	A	G	T	K	O	C	E	G	Q	I	C	F	B	N	T	D	H
I	T	V	S	C	G	H	N	T	A	M	D	E	S	B	S	I	A
T	E	H	E	A	S	I	G	T	T	T	K	A	E	B	S	G	T
S	R	G	V	L	W	G	G	S	S	E	F	T	I	O	D	A	T
V	D	N	E	S	X	U	R	J	I	J	L	O	T	G	L	N	T
P	G	F	G	B	R	O	W	N	Q	X	Q	P	M	D	M	Q	S
Z	E	R	D	Q	N	W	G	B	R	F	C	V	T	N	P	L	D

BLUE	COOKSKIN	PREPPY	TAILORING
BROWN	HAT	SLACKS	TIES
CARDIGAN	LETTER	STRAW	VEST
CHARCOAL	MILITARY	SUITS	WESTERN
COAT	PLAID	SWEATER	WINGTIP

1950s Teen Fashion

V	X	U	J	S	H	O	E	S	T	R	I	N	G	W	T	T	V
S	D	U	Z	W	H	J	V	U	B	D	S	A	I	L	O	R	O
X	L	W	N	A	P	C	F	K	C	Q	Q	Z	U	C	A	N	P
U	L	I	T	B	R	I	G	H	T	P	G	Z	E	G	O	I	O
C	P	S	P	S	G	W	M	C	C	E	L	X	E	T	L	X	K
O	I	G	W	M	R	N	U	I	R	P	H	N	T	Z	P	S	A
L	Z	N	W	U	L	J	N	M	P	P	E	O	W	A	K	F	R
O	H	A	D	D	N	C	S	L	K	E	C	C	N	I	B	J	E
R	H	C	M	E	H	D	E	O	D	R	H	T	R	S	A	C	I
S	V	P	G	J	P	A	J	U	U	M	S	T	B	J	R	B	L
I	S	U	S	E	T	P	N	P	H	I	T	Z	P	E	E	S	O
L	C	M	F	E	K	G	O	E	P	N	H	P	P	E	A	I	D
C	E	P	D	F	A	M	S	R	O	T	V	C	C	O	R	O	N
N	V	S	D	R	B	N	U	E	C	X	N	X	L	T	M	O	O
E	R	D	E	R	P	W	C	B	E	X	K	A	S	R	E	U	G
X	L	E	C	A	L	C	R	C	I	S	G	Z	X	K	D	V	J
J	S	G	P	O	J	J	I	T	A	P	E	R	E	D	Z	R	G
S	D	E	Q	B	A	C	C	U	G	R	U	F	F	L	E	D	X

BARE ARMED	COTTON	PANTS	SAILOR
BRIGHT	CROPPED	PEPPERMINT	SHOESTRING
CINCH	DUNGAREES	PLEATED	SKIRT
CIRCUS	GONDOLIER	PUMPS	SLIP
COLORS	HATS	RUFFLED	TAPERED

1952-1953 Events

O	I	A	U	R	S	F	A	D	O	G	H	G	Q	Z	V	O	Y
P	H	R	A	P	H	E	A	I	E	N	L	G	U	T	G	A	U
D	Z	X	M	K	F	Y	G	I	I	S	K	I	L	D	N	U	X
I	K	B	U	Z	W	G	D	G	D	E	W	D	A	K	K	D	W
T	P	O	A	I	A	Q	I	R	S	O	B	V	E	O	H	Z	Q
H	S	M	M	M	N	E	J	P	O	B	B	E	G	W	I	A	M
E	X	B	I	U	P	Q	R	G	A	G	S	M	M	O	A	J	M
K	F	D	A	A	W	A	N	W	M	H	E	G	A	E	S	A	H
G	Q	D	T	H	E	I	M	M	O	H	I	N	R	C	Z	P	E
S	N	U	M	L	A	T	O	M	I	C	I	O	W	J	Q	A	L
X	Q	I	C	H	T	Q	Z	I	L	G	K	T	H	K	Q	N	I
A	J	U	T	O	F	R	J	C	M	N	E	N	A	D	Q	J	X
O	N	K	H	S	T	R	N	N	B	N	X	J	C	G	Z	X	A
I	A	J	D	D	A	E	O	A	R	J	E	J	N	L	Z	R	W
L	Q	E	J	S	D	X	N	R	S	T	A	L	I	N	I	V	L
O	A	R	S	G	I	H	E	I	G	E	O	R	G	E	I	V	Z
P	N	G	C	N	D	C	P	N	M	W	P	H	L	L	E	Q	A
F	D	P	P	3	P	E	N	I	C	I	L	L	I	N	L	T	B

3D	DNA	JAPAN	POLIO
ATOMIC	GEORGE IV	MAU MAU	STALIN
BOMB	HELIX	NKOREA	STING
CAMBODIA	HYDROGEN	NUCLEAR	TAPEI
DIMAGGIO	IRAN	PENICILLIN	YANKEES

1954 Events

A	S	N	G	E	L	I	N	L	B	C	F	F	V	N	C	A	H
O	O	I	E	X	G	M	I	I	H	A	O	Z	H	E	V	J	S
T	F	M	Z	G	M	U	R	X	M	P	A	C	Q	E	R	C	A
V	S	M	G	A	O	F	A	I	P	L	B	Q	N	U	O	Y	N
C	N	I	K	D	Z	R	J	T	G	Q	K	E	N	O	T	X	H
L	Y	G	N	Z	Q	L	D	E	E	H	G	C	T	I	P	J	N
N	H	R	J	U	X	G	R	Y	X	M	B	O	L	I	G	Q	O
O	T	A	B	W	M	I	K	G	H	R	A	A	F	T	R	R	S
I	R	T	K	O	A	M	B	X	M	U	U	L	D	R	G	G	D
T	A	I	P	I	L	Q	O	I	V	Q	G	J	A	A	X	K	U
A	C	O	H	P	I	E	U	C	E	E	K	J	Q	L	G	C	H
N	C	N	M	U	T	S	J	F	M	M	W	W	F	O	P	Q	G
I	M	J	U	O	M	X	O	O	K	E	W	X	I	S	O	O	C
C	R	J	B	I	K	I	N	I	N	V	X	O	H	U	K	N	Z
C	K	Z	X	O	Z	R	Q	D	S	E	U	I	D	J	P	I	A
A	G	T	U	J	L	S	T	N	W	H	S	I	C	N	E	M	S
V	T	K	I	N	D	O	C	H	I	N	A	P	W	O	U	O	O
B	S	E	G	R	E	G	A	T	I	O	N	L	G	S	L	D	T

ALGERIA	EQUALITY	IMMIGRATION	MEXICO
BIKINI	GENEVA	INDOCHINA	NASH
COMMUNIST	GUATEMALA	JIMA	SEGREGATION
DOMINO	HUDSON	JONES	SOLAR
DOW	HYDROGEN	MCCARTHY	VACCINATION

1955 Hurricanes

C	L	S	G	I	V	A	M	G	E	V	W	Z	B	L	F	M	O
K	A	X	O	E	F	A	N	J	T	N	P	J	R	M	J	R	L
J	P	R	J	F	H	C	P	T	D	W	O	D	E	G	A	E	N
I	P	A	I	B	U	S	O	Q	I	P	Z	L	N	I	I	V	R
E	F	G	M	B	R	C	K	N	K	L	M	V	D	B	N	I	W
W	H	F	Q	W	B	A	W	T	N	H	L	S	A	J	R	F	W
T	I	A	H	H	S	E	Z	F	W	I	S	E	U	A	O	B	I
U	L	K	A	Q	V	H	A	E	D	E	E	W	S	N	F	H	M
F	D	Q	N	G	T	Q	D	N	D	T	L	E	A	E	I	O	K
P	A	C	Q	W	V	I	U	X	Z	T	A	V	W	T	L	N	A
J	M	W	P	I	T	L	V	O	A	P	K	O	E	K	A	D	T
C	A	W	O	H	N	S	Z	A	D	D	T	A	G	O	C	U	I
C	U	N	G	E	E	T	N	E	S	I	J	L	H	S	T	R	E
V	E	R	V	T	V	O	N	V	M	K	A	B	W	A	A	A	C
C	U	E	U	A	Z	A	K	R	M	D	D	P	A	X	R	S	I
G	L	V	H	I	I	Z	Q	H	Y	A	B	X	A	E	O	S	U
E	Q	O	R	D	I	Z	I	S	C	A	L	K	C	T	L	X	Q
B	F	A	Q	J	X	E	Q	K	L	K	M	O	X	S	F	R	L

ANTILLES	CONNIE	FLORA	JANET
ARIZONA	DIANE	GLADYS	KATIE
BRENDA	EDITH	HILDA	ONE
CALIFORNIA	ELEVEN	HONDURAS	TEXAS
CARIBBEAN	FIVE	IONE	TWELVE

1959 Events

A	L	S	Z	V	A	N	G	U	A	R	D	2	W	S	H	Z	T
I	T	K	H	K	L	S	T	M	M	N	D	J	L	A	N	K	Q
P	A	S	E	E	O	C	O	H	X	H	Z	D	B	B	O	P	J
I	F	L	I	H	P	Q	I	H	G	C	A	O	E	L	X	Q	M
O	O	W	A	T	A	A	T	T	F	I	N	W	N	E	I	T	X
N	W	T	Q	D	A	L	R	S	R	C	L	W	A	E	N	K	X
E	N	L	S	G	L	B	A	D	N	A	E	I	X	I	K	P	X
E	A	E	S	C	H	P	U	S	R	K	T	U	W	U	I	Q	M
R	Q	I	P	R	R	K	B	F	K	U	G	N	D	T	R	R	T
4	K	B	Z	T	E	Z	S	R	H	A	B	O	A	L	F	O	V
N	X	R	N	N	O	C	O	E	S	V	M	E	H	N	W	A	B
M	U	A	N	T	U	A	U	K	Z	S	G	A	N	H	N	A	T
C	U	B	F	B	H	P	W	A	O	O	H	E	M	H	I	V	O
C	E	H	A	K	J	J	D	B	D	2	L	D	Q	A	U	N	E
R	O	T	D	I	N	L	F	F	W	G	A	H	O	D	L	R	S
A	S	T	R	O	N	A	U	T	S	K	O	N	S	T	X	I	V
M	U	O	S	H	K	A	K	L	I	H	R	K	U	V	V	P	J
I	N	E	A	H	B	D	P	E	W	D	N	J	Z	L	I	Q	U

ABLE	BARBIE	GLENN	PIONEER4
ALASKA	BATISTA	HAWAII	SHEPARD
ANTARTIC	BEN HUR	LAMA	TWILIGHT
ASTRONAUTS	CUBA	LUNA2	VANGUARD2
BAKER	DALAI	NIXON	ZONE

1958 Events

B	W	N	A	T	W	S	G	K	D	U	H	W	X	M	P	O	F
S	P	U	T	N	I	K	3	Z	A	R	Z	U	W	G	J	A	L
M	U	W	Q	T	I	V	C	S	T	B	U	S	M	B	P	V	I
R	D	S	Q	T	G	G	P	I	S	T	I	A	K	R	I	A	G
E	F	I	U	O	C	V	B	B	U	E	U	T	L	U	M	N	H
N	H	H	A	L	D	Q	U	A	N	X	T	E	R	S	A	G	T
I	K	M	P	M	I	I	N	D	B	P	Z	L	Z	S	J	U	S
L	H	R	I	S	O	T	T	X	I	L	O	L	F	E	X	A	N
T	R	E	F	C	N	N	U	I	J	O	E	I	K	L	W	R	B
E	U	P	L	L	R	M	D	A	Q	R	Q	T	K	S	R	D	U
J	S	U	X	B	G	O	F	K	N	E	G	E	E	L	I	1	E
D	H	B	L	U	A	J	C	T	K	R	A	J	C	T	A	F	F
V	C	L	A	V	Q	R	T	H	E	1	R	D	A	A	H	T	H
P	H	I	T	J	T	S	A	K	I	R	H	W	P	S	C	O	T
B	E	C	O	E	W	P	U	P	Q	P	O	G	S	A	I	E	B
Z	V	Q	Y	M	L	B	K	Q	F	T	Q	C	O	N	N	A	F
P	G	Q	O	E	K	N	D	T	C	J	E	V	S	U	U	P	W
H	H	H	T	V	N	H	N	F	P	W	S	J	P	B	M	C	Q

ARAB	FLIGHTS	MUNICH AIR	SCORE
BRUSSELS	JET	NASA	SPACE
DATSUN	JETLINER	NAUTILUS	SPUTNIK3
DIAMOND	KHRUSHCHEV	REPUBLIC	TOYOTA
EXPLORER1	MICROCHIP	SATELLITE	VANGUARD1

1956 Events

X	I	O	L	Y	M	P	I	C	S	F	M	I	A	H	B	C	K
A	C	T	U	W	L	Z	G	X	R	T	A	U	H	F	I	M	S
W	P	D	P	R	E	S	L	E	Y	D	S	C	W	X	K	L	I
S	E	M	N	H	E	H	O	M	R	T	W	R	J	N	P	J	D
P	L	I	V	O	T	A	P	B	R	U	D	J	V	A	T	J	D
U	E	S	S	S	I	Q	K	A	J	D	E	Q	L	T	R	H	R
A	E	N	A	I	S	T	L	A	I	W	U	L	A	S	A	A	A
L	Z	I	C	M	W	I	C	N	K	V	R	O	U	I	P	H	H
G	E	K	M	M	A	E	T	U	D	R	O	Z	H	K	E	U	J
A	U	R	I	N	A	B	L	Q	R	X	V	I	E	A	Z	R	I
S	S	E	O	L	R	R	A	N	F	T	I	L	N	P	E	M	Z
J	P	P	W	T	I	O	C	L	Q	T	S	X	V	P	A	N	V
B	R	O	W	D	E	R	N	I	A	G	I	N	J	P	E	A	Q
M	O	B	U	B	Z	A	N	W	A	W	O	S	O	L	G	S	A
T	B	L	P	P	M	W	U	P	H	N	N	R	Y	C	H	S	W
S	T	A	L	I	N	V	H	Q	D	K	O	A	V	O	S	E	P
M	J	K	U	F	A	E	O	T	E	D	G	M	J	K	A	R	J
W	L	O	T	J	D	H	I	G	H	W	A	Y	S	J	C	N	H

ALABAMA	EUROVISION	MARCIANO	PERKINS
AUSTRALIA	GAYLE	NASSER	PRESLEY
BROWDER	HARD DISK	OLYMPICS	STALIN
CASH	HIGHWAYS	PAKISTAN	SUEZ
CONSTRUCTION	LEWIS	PELE	TRAPEZE

Recipes (Solution)

```
                  A M B R O S I A
D U M P L I N G                   B T
    C H I F F O N C A K E F   D A U
D E V I L E D           A   A K N
    C H E E Z W H I Z   O   L E A
S                     L   A D
  E           A       T   S A
C U P         L           A   O L H
H D   A       A   7 L A Y E R L A C
E N     N     K   E       M   L S N
R O       A   I   L           E K U
R F       C N       O       J A P
Y         G         R           T
N                 E             I U
U   B A K E D H A M     S       U
T     S W A N S O N       S     R
  T E T R A Z Z I N I       A F
          C R E A M P I E       C
```

Slang (Solution)

```
    T
P S             P               S
A E B D R E A M B O A T   R     H
S I E   C         H   Q U E E N I
S H A     A P     C           B N
I C T     A T     G           B E
O N F D           I           U R
N I E             W       R   R
P G E A N K L E B I T E R N     E
I   T                     R     S
T             O P       T U     A
            Y E D     A   B     E
C H A R I O T D E E   N         R G
      D P L   K             G
    A E C
    D R R   B I G T I C K L E
    S I     W E T R A G
    C       C U T T H E G A S
```

Fashion (Solution)

```
  B       L             S Y
  U       E S       U   T L
T T L P     A N       P N L
R   R L O   W T A     D A I
I     I E T   I H G   O P B
K   D K T D P P G E I S T A
S     E S B E O L G R D O K
E       H L R P L A L R H C
L         C I A P K I E A O
D B A N D A N A N C   O A D C R
O           I N   R D
O             C E   C O   S
P   H A L T E R   P   T I
P     B U S T I E R     N
U F L A R E D           I
N     G I N G H A M     K
I                       I
P                       B
```

Music Genres (Solution)

```
C         C     G
  O       A     S O
  U   L     S     E S
    N Y     L     U P
T W P T   L A   D L E
S S E   R O   C D   O B L   G
O I   S R Y   I R D   O     N
    L N T   S A L F W     I
    K A   E   U M R   O O   W
R C     C   R M A O   B L P S
O E       O   N W   I K Z
R   V     V   T   G R M Z
    I         S   B A Y A
    V       R   A L H J
    A     P I   N U T
    L   O F   D P Y
        P       O R
R O C K A B I L L Y     P
```

Inventions (Solution)

DIET DRINK · MODEM · FORTRAN · SYNTHESIZER · SUPERGLUE

Toys (Solution)

DRUM · ANIMALS · BLOCKS · FIGURES · HORSES

Fads (Solution)

POP BEADS · BOOTH · VARSITY

Sports (Solution)

BASKETBALL · TENNIS · MAJOR · ROSE BOWL · BRITISH · HEAVYWEIGHT · PROFESSIONAL

Rockabilly Quotes 1 (Solution)

Rockabilly Quotes 2 (Solution)

1957 Events (Solution)

Dating Slang (Solution)

More 1950s Slang (Solution)

											F						
							S				L						
							B				I						
	B						I		D		P						
C	F	A					D			O							
H		R	D						E	B	U						
E			E					P	O			G			G	S	
R			C	A			A	S				9	H		E	U	
R		A			M		S				D				R	G	
Y	T		P				K			U					M	O	
	G	O	O	F				C	O							B	
D	H				B			L	I								
C	O					A	C			L	B	A	L	L	A	D	
		L					S				F					K	
			L					H							N		
				Y										I			
													F				
	D	R	A	G													

Fun Slang (Solution)

															P		
		H												I		M	
			E			P							H			A	
	Y			A			U				L					C	
	T		S		T		R	D			I					H	
	F		T					E	E		D			Y		I	
	I		E			G		K	T	K				P		N	
G	N	L	J		M		R		I	H	C			M		E	
R	N		O			O		I		C	G	A		U			
E	O			A			L		N		K	I	J	L			D
A	D		K		D			D		G			L				R
S				I		E			Y		L						E
E					T		D					E					N
R						T							S				
K	O	O	K	I	E		E					D					
					P			N				O					
				E								O					
			H									H					

More 1950s Slang (Solution)

					P												
					O												
					O												
	R	A	P		P	S	C	R	E	A	M	E	R				
T	T		P	E	E	P	E	R	S								
A		I			R	R	A	D	I	O	A	C	T	I	V	E	
N			G	S						Q							R
K			T	H	T						U						E
	O			H	T	E						E					N
		D	P		R		G					S	E	R			I
			D	E		E		G			P		A	N			H
S				B	A		A		U	A		U				S	S
	H			R	A	C		D	Z	N	N					L	
		A			O	L	H		S	C						O	
			D			D	L	Y	H							D	
N	O	S	W	E	A	T		Y			D					G	
					S						A					E	
											P						

1950s Ice Cream Flavors (Solution)

	T							T	O	R	T	O	N	I			
A	R				E						R						
L	I				L						A						
L	P				P						S		Y	T			
I	P		W		P	Y					P		D	E			
N	L	Y	O	C	A	R					B	M	N	B			
A	E	R	L	O		R					E	I	U	R			
V		R	L	R		E					R	N	G	E			
T	N	E	A	O		H					R	T	R	H			
U	U	B	M	N		C	B				Y		U	S			E
N	G	W	H	A				I					B	L	P		L
O	G	A	S	T					S					E			P
C	E	R	R	I						Q			C	M			P
O	T	T	A	O							U	A		O			A
C		S	M	N							N	E		N			E
H	A	W	A	I	I	A	N										N
																	I
										B	A	N	A	N	A		P

1950s Foods (Solution)

Frozen Foods (Solution)

1950s Appetizers (Solution)

1950s Candy (Solution)

Olympics (Solution)

	N		A	U			H						
	A	V		T	N			E					T
	P	E		E		I		S		L			S
	A		I	Y			O		K		S		E
	J	V		U			N		I		I		T
	O			N	G			F	R		N		O
S				O	D	N	O		N	L	T	K	R
		R	G		I	O	S		E	A		I	I	P
		E	A		N		V	L	L		M		N
	P		I	I		I		I	H	A	E	O		G
			S		X		N	T	V		W		
			E			O	I	G	A	I			S
C	A	U	L	D	R	O	N	S	B			C	A		U
				R	O				E		A	M
			A			D				D	N	M
		E				N				I	E
		L					I			H	R
		R	U	N	N	E	R	S			C

Baby Names (Solution)

	M	I	C	H	A	E	L	S	A	N	D	R	A	S	
		D			O						A
S			O							M
U			N	M			S		O
D	S		A	A		E		H
E	A		N	L	I		A	M		T	G	Y
B	N		A	D	L		I	A		A	R
R			N	L	C	J	E	R		A
R		A		C	I		Y	N		M
O			P	Y	R	W		A
B		K	A		T		I
E		A	M		A		S		D
R	M	R	E		P	T
T	A	E	L	L	I	N	D	A		E
R	N	A		V
K			E
S	H	A	R	O	N		N

Automobiles Innovation (Solution)

	Y		C	O	M	F	O	R	T	A	B	L	E	S
	R												B
	U		S		L						R
	X			W		I				S	U
	U			O		O		T		B
H	L			D		C	L		U
Y	P	O	W	E	R	G	L	I	D	E	N	E		T	S	F
D	S			C	R	B	I	D		O	I
R	U		H	E	T		R	W		R
A	S		E	W	A		A		E	S	C	E
M	P	S	A	O	E		K		P	I	U	N
A	E	G	P	P	S	S	C		O	T	O	N	I
T	N	N	E		A		W	A		N	I	G
I	S	I	R	P	F	E	M	S		B	N
C	I	R	E	R	O		E	O	E
O	P	R	T		R	D	8
N	S	U		I	Y	V
A		T

Car Models (Solution)

			E							
	E		N		C	D	S	N
M	P	L		A	A	I	A	S	E
O	E	I	E	L	P	P	R	U	W
N	N	C	C	C	R	R	L	A	B	Y
T	I	K	T	O	I	O	T	U	O
E	L	U	R	R	A	L	C	M	O	R	R
R	Y	P	A	O	F	E	O	A	G	B	K
E	K	T	N	S	R	T	A	A	E
Y	S	B	L	E	A	V	N	R
I	A	T	L	A	B	E
R	B	I	L	L	R	T	F
D	E	R	I	A	E	T	U
C	R	E	S	T	L	I	N	E	R	V	P	E	R
A	P	E	M
I	M	D	I
R	I

1950s Flowers (Solution)

Movie Stars (Solution)

1950s Basketball Stars (Solution)

1950s Baseball (Solution)

1950s Football (Solution)

			S	T	Y	D	A	H	A	R					H	
	C	L	A	R	K			E							U	
		N	E	V	E	R	S		L						T	
						E			K					N	S	
			B			G		G	L	N				A	O	
		N	A			N	N	U	L			I		G	N	
	E	N	T			O	A	Y	O				H	U		
L	K	A	T			T	R	O	C					R		
Y	S	M	L			F	G	N	S					S		M
M	L	T	E			A			I					K		C
A	A	R	S			R			R			H		I		N
N	H	O				T			D	U						A
	C	F				E		R	B						Y	L
	I			P		E		B						R		L
	M		R	B				A						N	N	Y
		O		R			R						E	I		
	H		E			D						H	E			
T		H				H										

1950s Golf (Solution)

				E											
			K		T	P	R	O	S	B	U	R	G	T	
		C			A	R	D	F						U	
	O			L		E	E	T	U				R	S	M
L			M		M			B	H	R			N	N	I
		E		A				R	O		G		E	E	D
	R		R			B	O	L	T	E	M	O	S	A	D
	H	E							H	B	S	L	A	D	L
	P	T	A			F	O	R	D	O		O			E
	L	C	H	R					R				N		C
	A		A	O	B				O						O
	Y			S	G	E			S	M					F
	E				P	A	R		A						F
	R				E	E	N	T	Y				K		
					K	R			E				C		
					R		R							E	
							U					L			
							B				F				

Rockabilly Quotes 3 (Solution)

		R	O	Y	A	L	S	H	A	F	T		B		D	
											R			R		T
											E		E			
	N	O	S	W	E	A	T			A		N				
									D	S	H	E	A	T		
N					B				B		D				S	
	O		S	L	D			I	F		I				S	
		Y	A	W		A	D			L	G				S	
		S	A		E		D				I				S	
	T			L	R	N	F	D				C			A	
				O		L	D		Y				K		H	
			C		I	P	S	A		O	K				C	
		K		P			U	I	B			O			Y	
	E	E					E	D				O			S	
T			D					R	E					C	S	
				Y				I	S						A	
				L				F							L	
				C											C	

Rockabilly Quotes 4 (Solution)

							B	D								F
						O			R	S	S					L
					S				P	A		P				O
				S	H			L		K	G		A			O
				E			I		C					Z		R
				P	T		O									I
		C	A	T			R									T
S				W	E	T	R	A	G							
C					L					T		D			Y	
R			A				N			I		A			Z	
E			E	B		D				I	L		P		A	
A		R	A				O		Z	O			R			
M	N	B						N	Z	O		C				T
U	Y								U	C						I
			H	I	P					C						G
							D									H
							O									T
							R									

1950s Insults (Solution)

Television (Solution)

TV Shows (Solution)

1950s Politics (Solution)

1950s Dance Moves (Solution)

```
      S     Y    B   W
    T         L     O   O
    R           M L     P O M
  O       G   O  B U    R G A
  L         N  V  C U   G O I D
L N     I   E  H  N T   C E I
N Y   W   S  A    N S   K   S
  O L       C    Y I    N   O
  I L   H         H W C R     N
  B   S U A    G   O T H O W
  O     I H U     P   A L O
T O     V B     R     L L L
A G     R E     E     Y   S
P I   E   L   N     P
  E T     E   T     S
    T       T R     O
L I N D Y       A
J             P
```

Medical Advances (Solution)

```
    R     D     E         S
  E G   T   N     N   R   E P
S S   E   R   U     I   E   V E
T E     N   A   O     C   M L N
C A     E   E   S     C   A I
Y A R     T G H D A     A V C
P R C     C I N N N R     V I
A A H R   C T I C I E A T   L
R T   E O   R T S K P   L   L L
E A   U K     A O   O O   U L I
H C G   A     N I   M   I N
T H     M     S B   S   P
O     E     P I     E
M P O L I O     C   L T   H
E     D O P P L E R A     A N T
H     P       N A
C               T
C P R
```

Art Movement (Solution)

```
    S   G L     S   L T
    T   A A     C   A N G
    E   R E     U   N I N
N   L E   D R   L   D R I
R   E L   E R   P   S P S
E     M   U   C T   C   I
D   N R   S O T   U   A T T D
O C E O   L   C   R   P R R L
M I E F   L   A   E   E A E E
  R R N   A   R A     P V I
  T C I G N   T V   L S O D F
  E S E   E   S A   A O P A R
  M K   N O   B N   C C   O
  O L   O D A T   I I     L
  E I     I A   R E     O
  G S     T D   Y T     C
            C A L Y
            A
```

Literature (Solution)

```
              E
  A     R     C
  L   L   E     W A R   A S
C   I N O L B N F A N T A S Y P T
O R   C E O N A E O     S O
N E   H N V E I L I     B
T W   R S E L C L G   E O
E O   I   L I I I I   P R
M P   S C S N F O L   I
P M   Y T H   E R N E C
O E   R I I   S E   R
R       O A L   S P
A       T N D   U
R   C O N S U M I S M S I R   S
Y S H O R T   F   E
            I     N
  T H E B E A T   C
            S
```

Women History (Solution)

Cinema (Solution)

Comics (Solution)

Hair Styles (Solution)

Spaceflight (Solution)

Religion (Solution)

1950s Conflicts (Solution)

Drinks (Solution)

Computer Introductions (Solution)

```
    M       S C I E N T I F I C
    U       D N
B   U   M     E U           N
U   C   U       F M         U
S   A   R       E E         M
I I S V D           N R     B
N G C   P             S I   E
E O A   R C O M P U T E R E C   R
S L N   O A N A L Y S I S     A S
S   N   G                     L
    E   R       E R A     C R   R
P   R   A           Y   I O     E
R       M       A R     T B     L
I       M       T O   E O S     A
M       I     L M   N T E       Y
E       N   A E   G   B
        G S M   A   U
            M   T
```

Weddings (Solution)

```
                        R
T                   E
A       G R A C E       N
Y           P R I N C E I       K
L   F D I M A G G I O       A N
O       A               A R   A
R       R       A   D   R   U
        R       I A   F     D
H       O H R R M       R
  T       T W N I     E
  E       R   O   T   Y   H S N
  K   B   C       A     I   I R
    E W A           L     N U
    Y L   Z     E     T     A B
    A   L   I     O O       T P
H     Y   L     N J       R E
M O N R O E     E         A H
      M A R I L Y N
```

Comedians (Solution)

```
  S                 B
  I       N       I O       K
  W   O       N H     D   C
  E T         G C     I   A
  L L       E U     S   J
  I     B     O P
M     E F   R     O
    R T   I G     H
  L   E   N       Y   E
  E     N M E Y     R   O
      A N   B     R   M
      R   E J   S   A D
B O B T   E B   O   R L D
    I     R       R A A   E
  N     R       W C S   A
    Y           A   E   N
              H     A
        M A R X       C
```

1950s Women Fashion (Solution)

```
    P E
    T L L
    S A G     C         S
  S S   G I I G L   O       E
  H D A N A D I I     T G     P
P I I E   I W W C     T U   I
E R L T   W H   N     O N   R
T T O S   S G   E     N S   T
T W S K   B   I   P     D S
I A   A C   E   H   E E   S
C I   P E   L     F T S   T
O S   S R H T   I R   E   A
A T   H O C   W I   S   L
T     E N   E K     S   F
        A S S       E
        U T         R
      O   H         D
    H
```

1950s Men Fashion (Solution)

1950s Teen Fashion (Solution)

1952-1953 Events (Solution)

1954 Events (Solution)

1955 Hurricanes (Solution)

C					A		E			B						
	A				N		N			R						
		R			C	T		O		E		A	E			
			I		O		I			N		I	V			
				B	N		L			D		N	I			
	H			B		T	N		L	A	J	R	F			
	I					E		W	I		E	A	O			
	L						A	E		E	E		S	N	F	H
	D						D	N			L		E	I	O	K
	A						I					V	T	L	N	A
					I	T							E	A	D	T
				O	H	N			A				G	C	U	I
		N			E		N	E					L	S	R	E
	E		V			O	N				A			A	A	A
		E			Z	A				D				X	R	S
	L				I	I			Y						E	O
E		R	D				S								T	L
		A													F	

1959 Events (Solution)

A		S		V	A	N	G	U	A	R	D	2			
I	T		H				T						A	N	
P	A	S		E		C		H		H	Z		B	O	
I		L	I		P		I		G		A	O	L	X	
O				A	T	A	A		T		I	W	N	E	I
N				D	A	L	R		R		L		A	E	N
E							B	A	D		A		I		I
E		E						S			T		W		I
R		I						K			N		T		
4		B						R		A	B		A		
		R				C		E			E		N		
		A			U			K			A	N			
		B		B				A			E	M	H		
			A					B		2	L			A	U
										G	A			L	R
A	S	T	R	O	N	A	U	T	S			N			
												U			
												L			

1958 Events (Solution)

								D							F
S	P	U	T	N	I	K	3	A							L
								T		S		B		V	I
R	D	S						S		A		R		A	G
E		I	U					U	E	T		U		N	H
N			A	L				N	X	E		S		G	T
I	K	M		M	I				P	L		S		U	S
L	H	R	I		O	T			L	L		E		A	
T	R	E		C	N	U			O	I		L		R	
E	U	P		R	D	A			R	T		S	R	D	
J	S	U		B	O			N	E	E		E		I	1
	H	B			A		C		R			C		A	
	C	L	A			R		H	E	1		A	A	H	
	H	I	T			A		I	R			P	S	C	
	E	C	O						P	O		S	A	I	
	V		Y						T		C		N	N	
			O							E		S		U	
			T					J				M			

1956 Events (Solution)

	O	L	Y	M	P	I	C	S				A			K
											U				S
	P		P	R	E	S	L	E	Y		S				I
	E		N					T				N			D
	L			O				R				A	T		D
	E	S	S		I			A		E		T	R		R
		N	A	I		T	L			U		S	A		A
	Z	I		M	W	I	C			R		I	P		H
	E	K		M	A	E		U		O		K	E		
	U	R			A	B	L		R	V		A	Z		
	S	E				R	A		T	I		P	E		
		P					C	L		S				N	
B	R	O	W	D	E	R		I	A	I	N		E	A	
									A	O		O	L		S
									N	N		Y	C	H	S
S	T	A	L	I	N					O	A			S	E
										G	A			A	R
				H	I	G	H	W	A	Y	S			C	